Sterling Silver 1

Lehrerhandbuch

D1726122

Englisch für Senioren

Cornelsen & OXFORD

Sterling Silver 1   Lehrerhandbuch

Verfasserin   Britta Landermann
Verlagsredaktion   Susanne Schütz
Layout/Herstellung   Sabine Trittin

1. Auflage
   5.   4.   3.   2.   1.   Die letzten Ziffern bezeichnen
2000 1999 1998 1997 1996   Zahl und Jahr des Druckes.

Alle Drucke dieser Auflage können, weil untereinander unverändert, im Unterricht nebeneinander verwendet werden.

Bestellnummer 20460

© 1996 Cornelsen & Oxford University Press GmbH, Berlin

ISBN 3-8109-2046-0

Druck &
Weiterverarbeitung   Saladruck

Vertrieb   Cornelsen Verlag, Berlin

Gedruckt auf Recyclingpapier. Hergestellt aus 100% Altpapier.

INHALT

Seite

Das Lernen mit älteren Menschen – Besonderheiten in der Seniorenbildung   5

1   Die Gruppe   5

1.1   Altershomogenität   5
1.2   Lernen und soziale Interaktion   5
1.3   Der Zeitaspekt   5
1.4   Lernziele   6
1.5   Anforderungen an die Lehrperson   6

2   Der Unterricht   6

2.1   Unterrichtserfahrung der Lernenden   6
2.2   Potentielle Schwierigkeiten im Bereich moderner Lehrmethoden   7
2.3   Aussprache und Lautschrift   8
2.4   Grammatik   8
2.5   Wiederholung   9
2.6   Hausaufgaben   9

3   Vor dem Unterricht mit dem Lehrwerk   10

3.1   Zweisprachigkeit im Unterricht   10
3.2   Schon vorhandenes Wissen nutzen   11
3.3   Vorstellungsrunde: sozialintegratives Lernen   12
3.4   Einführung von buchexternen Vokabeln   12

4   Einführung der TN in das Lehrwerk   13

5   Hinweise zur Zielsetzung des Teacher's Book   13

6   Didaktische Hilfen zu den einzelnen Units   14

    Unit 1 – Hello, my name is Ann.   14
    Unit 2 – I have a daughter in the United States.   16
    Unit 3 – Mary, this is Inge.   18
    Unit 4 – See you later.   20
    Unit 6 – Good morning, how are you?   22
    Unit 7 – Can I have the butter, please?   24
    Unit 8 – How many are there?   26
    Unit 9 – Where are you from in Germany?   28
    Unit 11 – What is there to do and see?   30
    Unit 12 – Would you like to see some photos?   32
    Unit 13 – Tell me about your family.   34
    Unit 14 – Excuse me, what time is it, please?   36
    Unit 16 – It's lovely to get up late!   38
    Unit 17 – I don't often eat a big breakfast.   40
    Unit 18 – Tell me about your son.   42
    Unit 19 – What's the weather like in Madeira?   44
    Unit 21 – Do you know this man?   46
    Unit 22 – Does she speak English?   48
    Unit 23 – I'm sorry. – That's all right.   50
    Unit 24 – Goodbye   52

Kopiervorlagen   54

Abkürzungen:

TN   – Teilnehmer/innen
KL   – Kursleiter/innen

LERNEN MIT ÄLTEREN MENSCHEN – BESONDERHEITEN DER SENIORENBILDUNG

1 DIE GRUPPE

1.1 Altershomogenität

Das Unterrichten von und das Lernen mit Gruppen von älteren Menschen unterscheidet sich in wesentlichen Punkten von dem altersheterogenen Unterricht an Volkshochschulen oder anderen Erwachsenenbildungseinrichtungen. Es ist in erster Linie das Alter, das diese Veränderungen im Unterricht mit sich bringt. In seniorenspezifischen Bildungseinrichtungen treffen wir meistenteils Frauen, die durch das Ende ihres Berufslebens, durch das Aufbrechen der Familie oder auch den Verlust enger Familienangehöriger dazu bewegt werden, nach einer neuen Beschäftigung und neuen Kontakten mit Gleichaltrigen zu suchen. Die Altershomogenität in der Gruppe trägt ganz wesentlich zum Sicherheitsgefühl der einzelnen Lernenden bei. Dies hat nichts mit einer Ghettoisierung oder dem Ausschluß älterer Menschen aus 'gemischten' Gruppen zu tun. Ganz im Gegenteil fühlen sich Senioren/Seniorinnen in altershomogenen Gruppen oft erstmals nicht jenem Leistungsdruck ausgesetzt, den sie z. T. beim Lernen mit jüngeren Menschen erlebt haben. Das Gefühl 'mithalten zu müssen' oder auch die Gruppe 'zu bremsen' verschwindet; stattdessen werden die gemeinsamen Erfahrungen des Lernens im Alter positiv reflektiert. Auch die altersbedingten Veränderungen beim Lernen sollten Aspekt des Unterrichts sein und können als gemeinsame Erfahrung konstruktiv eingebracht werden. Ein großer Gewinn im neuerlichen Lernen älterer Menschen liegt sicherlich darin, daß sich die lernende Person wieder auf die Zukunft orientiert.

1.2 Lernen und soziale Interaktion

Lernen heißt auch soziale Interaktion innerhalb einer altershomogenen Gruppe, die Sicherheit bietet und den internen Leistungsdruck mindert. Die spezifischen Lernziele, sowie das Fehlen eines von außen ausgeübten Leistungsdruckes führen dazu, daß die Gruppe als Sozialgefüge an Bedeutung gewinnt. Das Lernen der Fremdsprache und das Lernen mit der Gruppe erfahren häufig die gleiche Wertung. Das kann zur Folge haben, daß die gruppendynamische Flexibilität innerhalb der Gruppe und auch der Gruppen untereinander nicht mehr so hoch ist, wie das vielleicht bei jüngeren Lernenden noch der Fall ist. Die Gewöhnung an die Klasse wird zu einem Sicherheitsfaktor, der eine wesentliche Rolle spielt.

1.3 Zeitaspekt

Ein wirklicher Lernprozeß bedeutet, daß die Lernenden ihre eigenen Erfahrungen miteinbringen, aktiv die Lerninhalte mitbestimmen und das neugewonnene Wissen in ihren Lebenszusammenhang integrieren können.

Insbesondere für ältere Menschen ist der Relevanzaspekt, das „Prinzip der Verwendbarkeit"[1] wichtig, denn sie lernen mit einem anderen Zeitverständnis als jüngere Lernende. Für sie ist nicht ein weitgestecktes Fernziel relevant, sondern **das** Wissen, das unmittelbar angewandt werden kann.

1.4 Lernziele

Daß ältere Lernende noch einmal 'die Schulbank drücken' – ohne sich direktem Leistungsdruck aussetzen zu wollen – verdient sicherlich in besonderem Maße Anerkennung und läßt auf ihre hohe Motiviertheit schließen, denn dieses Lernen ist freiwillig und nicht durch schulische oder berufliche Erfordernisse vorgegeben. Englisch wird fast ausschließlich in bezug auf das eigene Erleben und nicht in bezug auf Zertifikate, Prüfungen oder andere Leistungskontrollen gelernt. Damit verbinden sich auch andere Lernziele.

Aus einer Umfrage unter den über 55-jährigen Sprachkurs-TN an der VHS Frankfurt gingen als Teilnahmegründe hervor „Reisen ins Ausland", „Lernen hält mich geistig fit", „Freizeit sinnvoll gestalten", „Freude an Sprache und fremder Kultur" sowie „Verwandte und Freunde im Ausland".[2] Das umgangssprachliche Englisch, die sprachliche Durchsetzungsfähigkeit auf Reisen und auch die Überwindung der z. T. negativen Erfahrungen mit der Integration englischer Worte in die deutsche Sprache stehen also hier im Vordergrund.

1.5 Lehren von älteren Menschen: Anforderung an die Lehrperson

Das Fehlen einer fremdbestimmten Lernvorgabe, wie z. B. eines Zertifikates, hat zur Folge, daß das Lernen mit älteren Menschen anders strukturiert werden muß, als mit jüngeren Erwachsenen. Das besondere Maß an intrinsischer Motivation auf seiten der TN bedeutet für Kursleiter/innen, mit großer Flexibilität die Wünsche und Vorstellungen der TN in den Unterricht miteinzubeziehen. Eigenbestimmtes Lernen spielt in bezug auf die Lernziele in der Seniorenbildung eine wichtige Rolle. Das Lehrwerk ist hier selbstverständlich die wichtigste Grundlage. Dennoch werden von den TN oft Erweiterungswünsche vorgebracht oder persönliche Interessen angemeldet. Diese gilt es, konstruktiv in die Stoffvorlage einzubinden. *Sterling Silver* ist daher für viele zusätzliche Anwendungen im Alltagsbereich offen.

---

1 Kuypers, Harald W.: „Grundsatzüberlegungen zu Seniorenprogrammen an Volkshochschulen." In: Geißler, Erich E. (Hg.): Bildung für das Alter – Bildung im Alter. Expertisensammlung. Bonn, 1990, 103.

2 Siehe dazu Lütjen, Hans Peter: „Fremdsprachenlernen von Senioren am Beispiel von Fremdsprachenkursen an Volkshochschulen." Unterrichtswissenschaft 4 (1980), 343.

2 DER UNTERRICHT

2.1 Unterrichtserfahrungen der Lernenden

Fremdsprachenunterricht, so wie ihn die meisten Lehrenden wohl erlebt haben, ist nicht der Unterricht, den die Senioren/Seniorinnen kennengelernt haben. Hier können Generationen zwischen den Erfahrungen liegen. Es ist zu bedenken, daß ältere Lernende eine viel längere und damit ausgeprägtere Lernbiographie haben als jüngere Schüler/innen. Ältere Lernende sind häufig geprägt von Frontalunterricht, Fixierung auf die Lehrperson, von mehr oder weniger stark ausgeprägten *drill methods* sowie regelmäßigen und z. T. strikten Lernkontrollen. Aufgrund ihrer langen Lernbiographie tendieren ältere Menschen dazu, lieber das Altbewährte zur Problemlösung anzuwenden, als neue, experimentelle Methoden auszuprobieren. Dies gilt sicherlich auch für ihre Lernstrategien. Im ungünstigsten Fall kann den TN das Lernen durch bestimmte heutige didaktische Vorgehensweisen eher erschwert als erleichtert werden, weil die Konzentration zu sehr auf die technische Durchführung der gestellten Aufgabe gelenkt wird, als auf die zu erlernende Sprache. Die TN müssen also mit heutigen didaktischen Methoden langsam vertraut gemacht werden.

2.2 Potentielle Schwierigkeiten im Bereich moderner Lehrmethoden

Schwierigkeiten im Bereich moderner Lehrmethoden können sich hier besonders in bezug auf Gruppenarbeit und Organisation von Bewegung im Raum ergeben.
Gruppenarbeit im Sprachunterricht ist eine für viele TN ungewohnte Methode, Neues zu erlernen oder auszutauschen. Gruppenarbeit kann zwar als Methode sozial-integrativ wirken, aber sie ist deshalb noch nicht unbedingt teilnehmerorientiert. So fühlen sich ältere Lernende durch den zumeist ansteigenden Geräuschpegel während einer Gruppenarbeit gestört und bemerken mangelnde Konzentrationsfähigkeit. Da das Hörverständnis älterer Menschen oft nicht mehr so leistungsfähig ist, wie das jüngerer Lernender, lassen sich diese Erschwernisse nicht unbedingt durch eine langsame methodische Heranführung beseitigen. Eventuelle Beeinträchtigungen im Hörverständnis sollten übrigens auch in bezug auf die Sitzordnung beachtet werden. Ältere Lernende wählen ihren Sitzplatz sicherlich unter anderen Gesichtspunkten als junge Menschen. Die Sitzordnung ist daher meistens wesentlich statischer als die jüngerer Klassen. Gruppenarbeit ist infolgedessen nicht für jede Klasse eine geeignete Lernmethode.
Ein weiterer Aspekt ist die Organisation von Bewegung im Raum. Bekanntermaßen läßt sich die Konzentrationsphase erwachsener Lernender durch eine aufgabenbedingte Bewegung im Raum – die Arbeit an der Tafel oder der Austausch mit anderen TN – verlängern. Im Unterricht mit Senioren/Seniorinnen ist hier Zurückhaltung angebracht, denn viele ältere Menschen sind in ihrer körperlichen Bewegungsfreiheit eingeschränkt und können eine derartige Aufforderung als beschwerlich empfinden. Das Sammeln von Ideen oder Begriffen der TN an der Tafel läßt sich jedoch leicht dadurch ausführen, indem Sie als Lehrende/r die Begriffe auf Karteikarten schreiben lassen, einsammeln und dann an die Tafel schreiben.

7

2.3 Aussprache und Lautschrift

Neue Worte zu erlernen bedeutet im Fremdsprachenbereich automatisch Erlernen durch Imitation, wenn es um die Aussprache geht. Da ältere Lernende jedoch überwiegend kognitiv lernen, sollten bestimmte Aussprachespezifika nicht nur zur Imitation angeboten, sondern sprachtechnisch erklärt werden, so z. B. der Unterschied zwischen dem stimmhaften und dem stimmlosen 's' mittels Befühlen der Stimmbänder. Insbesondere bei schwierigen Lauten wie dem englischen 'r' oder dem 'th' sollte erklärt werden, wie diese Laute gebildet werden. Eine Verschriftlichung kann hier nur über die Internationale Lautschrift erfolgen. Das Lehrbuch *Sterling Silver* hat auf diese Möglichkeit bewußt verzichtet, denn das Lautschriftalphabet entspricht zumeist nicht den früheren Lernerfahrungen älterer Lernender und wird daher nicht selten als zu fremdartig empfunden. Es sollte jedoch als Aussprachehilfe nicht grundsätzlich ausgeschlossen werden. Es empfiehlt sich, falls Sie die Einführung der Lautschrift für sinnvoll halten, darauf zu achten, daß dies langsam und anhand konkreter Worte geschieht. Einzelne Zeichen lassen sich besonders gut lernen, indem Sie die TN dazu auffordern, gemeinsam Worte zu suchen, die einem bestimmten Lautbild entsprechen und diese dann an der Tafel sammeln (wie z. B. *book, look, cook; is, this, in ...*; siehe auch Kopiervorlagen).

Das Bemühen um eine originalsprachige Artikulation steht bei den älteren Lernenden selten im Vordergrund und sollte daher nicht über Gebühr strapaziert werden. *Native English* ist hier sicherlich nicht Unterrichtsziel, stattdessen kommt es darauf an, die wesentlichen phonetischen Unterscheidungsmerkmale herauszuarbeiten. Es gilt, das Lernziel der Verständigung im Alltag vor Augen zu behalten.

2.4 Grammatik

Ein weiterer Aspekt ist die Vielfalt der möglichen grammatikalischen Bezeichnungen. Insbesondere im Bereich Grammatik fühlen sich viele TN sicherer, wenn sie möglichst feste Regeln 'schwarz auf weiß' vor sich sehen. Ältere Lernende haben im allgemeinen ein sprachstrukturell hohes Sicherheitsbedürfnis, sowohl im vokabularischen als auch im grammatikalischen Bereich.

Die Verschriftlichung bedeutet für ältere Lernende eine wichtige Lern- und Erinnerungsstütze. Hilfsmaßnahmen wie der Rückgriff auf die eigenen Notizen, das Wiederholen und nochmalige Lesen sowie das Einprägen sind in der Seniorenbildung von größerer Bedeutung als im Unterricht jüngerer Lernender.

Besonders die TN, die noch nie zuvor eine Fremdsprache erlernt haben, neigen dazu, Auflistungen, Kategorisierungen und Einordnungen in Anlehnung an die deutsche Sprache als hilfreich zu bewerten. Parallelisierungen zwischen beiden Sprachen können dort, wo sie zutreffen, sicherlich eine mnemotechnische Hilfe sein.

Sterling Silver bemüht sich darum, grammatikalische Benennungen nur dann einzuführen, wenn sie nicht vermeidbar sind. Sie sollten jedoch nicht davon ausgehen, daß den TN die im Lehrwerk verwendeten Begriffe wie 'Verb' oder 'Fürwort' bekannt sind. Einige TN haben vielleicht grammatikalische Benennungen in Anlehnung an die lateinischen Begriffe gelernt, anderen sind nur die deutschen Bezeichnungen bekannt. Es ist empfehlenswert, sich an die im Lehrbuch eingeführten Begriffe zu halten, um weitere Verwirrungen zu vermeiden. Bei der Einführung zusätzlicher Kategorien – sofern gewünscht – bieten sich nun verschiedene Vorgehensweisen an: Sie können entweder auf schon vorhandenes Wissen der TN zurückgreifen und sich auf die Verwendung eines Begriffes einigen oder Sie benutzen die englischen Bezeichnungen. Für eine Verwendung der englischen grammatikalischen Terminologie spricht, daß deutsche Bezeichnungen die TN allzu häufig auf deutsche Sprachstrukturen verweisen und es so zu falschen Analogieschlüssen kommen kann.

Das Lehrbuch *Sterling Silver* arbeitet regelmäßig mit Grammatiktafeln, die dem Sicherheitsbedürfnis älterer Lernender entgegenkommen. Um den TN Unsicherheiten zu nehmen, ist es sicherlich sinnvoll, die Grammatikeinheiten nicht als Block, als fertige Schemata vorzustellen, sondern sie stattdessen zusammen im Kurs zu erarbeiten. So kann beispielsweise mit den TN ein Tafelbild erstellt werden, daß vielleicht ihren Lerngewohnheiten (auch in Hinblick auf die terminologischen Differenzen) entspricht und das sie dann mit dem im Buch Vorgestellten vergleichen können. Natürlich ist es wichtig, hier keine zu großen Differenzen entstehen zu lassen. Das im Lehrbuch Dargestellte sollte in bezug auf das selbst Erarbeitete als Bestätigung erfahren werden.

Hieraus kann sich auch die Möglichkeit der Erstellung einer eigenen, erweiterbaren Zusatzgrammatik ergeben, die über den gesamten Kurs hinweg fortgeführt werden kann und so die diversen Lernerfahrungen der TN verbindet.

2.5 Wiederholung

Das höhere Alter der TN bringt es mit sich, daß der Unterricht für ältere Lernende im allgemeinen eine flachere Progression hat als der Unterricht in den altersheterogenen Gruppen der Volkshochschulen oder anderer Erwachsenenbildungseinrichtungen. Dem wird in dem Lehrwerk *Sterling Silver* mit seinem didaktischen Aufbau im hohen Maße Rechnung getragen. Es empfiehlt sich dennoch besonders in der Seniorenbildung, zusätzliche Revisioneinheiten in den Unterricht einzubauen. Dabei sollte es sich sowohl um Wiederholungseinheiten, die sich auf das Vorhergehende beziehen, als auch um Wiederholungsschleifen innerhalb der jeweils aktuellen Unit handeln. Hierfür wird der vorliegende Band Hilfestellungen geben. Trotz des allgemein hohen Wiederholungsbedarfs ist es wichtig ein erreichbares Lernziel vorzugeben, so daß die TN nicht das Gefühl haben, 'auf der Stelle zu treten'.

2.6 Hausaufgaben

Um dem erhöhten Wiederholungsbedarf gerecht zu werden, empfiehlt es sich, den TN regelmäßig Übungsaufgaben für die selbständige Arbeit zu stellen. Da ältere Menschen jedoch selten mit dem regelmäßigen Lernen zu Hause vertraut sind, kann nicht davon ausgegangen werden, daß die TN jeden Tag 15 bis 30 Minuten mit Englischaufgaben verbringen; vielmehr wird der Großteil der Aufgaben kurz vor dem Unterricht erledigt. Dies bedeutet, daß der Hauptteil des Lernpensums im Unterricht selbst geleistet werden muß. Die vom Lehrwerk gestellten Aufgaben unter der Rubrik *Übungen* sind für das selbständige Lernen zu Hause sehr geeignet und können meist ohne fremde Hilfe erledigt und mit dem Lösungsschlüssel kontrolliert werden. Es empfiehlt sich jedoch, den TN für die Arbeit zu Hause weitere Schreibanlässe zu geben, so daß das Vokabellernen auch aus dem Unterricht heraus transportiert wird. Erfolgreiches Auswendiglernen setzt schriftliche Aufzeichnungen voraus und Lerninhalte, die aus der Welt der Lernenden stammen. Daher sind Schreibanlässe Diktattexten vorzuziehen, denn so haben die TN die Möglichkeit, das von ihnen Gelernte in einen persönlichen Kontext einzubetten, was das Memorieren der Vokabeln wesentlich erleichtert. Außerdem können auf diese Art und Weise unterschiedliche Texte während des Unterrichts ausgetauscht und gelesen werden. Die TN können so nicht nur die inhaltlichen Aspekte ihrer Texte vergleichen, sondern auch gemeinsame Fehlerquellen herausarbeiten.

Diktattexte sind meines Erachtens dann von Vorteil, wenn es um das Erlernen schwieriger Wortzusammenhänge geht, die beim selbständigen Schreiben oftmals einfach vermieden werden. Hier wird der vorliegende Band einige Texte vorschlagen. (z. B. Unit 9, S. 29; Unit 11, S. 31; etc.)

Zusammenfassend empfiehlt es sich, das Vokabellernen, das Lesen von Texten und das Wiederholen von Grammatik gemeinsam im Unterricht durchzuführen. Das Auswendiglernen und die Aussprache neuer Vokabeln läßt sich dadurch erleichtern, daß die Vokabeln der jeweiligen Unit zusammen gelesen werden. Fordern Sie die TN auf, reihum ihrer/ ihrem jeweiligen Nachbarin/Nachbarn eine englische Vokabel zur Übersetzung und Satzbildung zu geben. Die Aussprache kann auf diesem Weg noch einmal überprüft werden. Auf diese Art und Weise lernen die TN zusammen und die Angst vor Fehlern wird abgebaut.

3 VOR DEM LEHRWERK

3.1 Zweisprachigkeit im Unterricht

Ein unabdingbares Kennzeichen des Fremdsprachenunterrichtes für ältere Lernende ist die Zweisprachigkeit. Insbesondere lexikalische und grammatikalische Erläuterungen werden zumeist von den TN in deutscher Sprache verlangt. Die größere Unsicherheit, mit der ältere Menschen im allgemeinen (aufgrund der häufig selbst angenommenen höheren Defizite) lernen, verlangt insbesondere in diesem Bereich nach großer sprachstruktureller Klarheit, die ihnen nur die muttersprachliche Erläuterung garantiert. Auch das Lehrbuch *Sterling Silver* hat aus diesem Grund eine klare zweisprachige Einteilung. Dies bedeutet jedoch nicht, daß der Unterricht außerhalb der Lehrbuchtexte ausschließlich in deutscher Sprache abgehalten werden sollte. Sicherlich ist eine häufige Verwendung der zu erlernenden Fremdsprache aufseiten der TN wie aufseiten der/des KL sinnvoll. Es ist jedoch darauf zu achten, daß der deutschsprachige und der englischsprachige Teil des Unterrichtes nach klaren Regeln getrennt verlaufen, um bei den TN einen möglichst hohen aktiven Wortschatz zu erreichen.

3.2 Schon vorhandenes Wissen nutzen

Es gibt triftige Gründe, in den ersten Unterrichtsstunden eines *beginners' course* nicht sofort mit dem eigentlichen Lehrwerk zu beginnen, sofern organisatorische Zwänge dies nicht sowieso verhindern. Die ersten ein bis zwei Stunden sollten, wie in jedem anderen Erwachsenenbildungskurs, sozialintegrative Zwecke erfüllen. Die TN lernen sich gegenseitig kennen und können sich über ihre Motivation, einen Englischkurs zu besuchen, austauschen. Es ist sinnvoll, selbst in dieser frühen Phase, an möglicherweise schon vorhandene Englischkenntnisse anzuknüpfen. Nur selten sind ältere Menschen noch nie in Kontakt mit der englischen Sprache getreten. Selbst die *absolute beginners* sind in der deutschen Sprache schon auf englische Begriffe gestoßen (*First Lady, size, tie break, shop, message, channel ...*). Doch im Gegensatz zu Jüngeren, die meistenteils keinerlei Schwierigkeiten haben, fremdsprachliche Begriffe in die deutsche Sprache zu integrieren, fühlen sich ältere Menschen hier oft überrannt und ausgeschlossen. Da wird der Laden um die Ecke zum *shop*, man kriegt irgendwie kein *feedback*, da wird jemand ge-*outet* und die herkömmliche Nachrichtensendung verwandelt sich in ein *news magazine*.
Derartige Begriffe können z. B. in einem Wortpool gemeinsam gesammelt und so konstruktiv genutzt werden. Das, was ehemals potentiell bedrohlich und fremd war, kann sich hier im Englischunterricht in gemeinsame Erfahrung und positives Wissen verwandeln. In diesem Zusammenhang kann es sicherlich auch von Nutzen sein, die TN daraufhinzuweisen, daß auch die englische Sprache deutsche Begriffe integriert hat (Zeitgeist, Kindergarten, Angst, Rucksack ...).
Ältere Menschen nutzen sehr häufig die Gelegenheit zu reisen und haben auf diesem Wege schon oft landeskundliche Erfahrungen im englischsprachigen Ausland gesammelt. Diese Kenntnisse können im Unterricht positiv genutzt werden. Fragen Sie die TN nach ihren Erfahrungen und sammeln Sie mit ihnen Bezeichnungen englischer Städte, Landschaften,

Gerichte etc. und nennen Sie gegebenenfalls die originalsprachige Bezeichnung (Themse = River Thames etc.). Entsteht daraus ein Interesse der TN an den englischen Bezeichnungen deutscher Landschafts- und Städtenamen, so kann auch dieses positiv in den Unterricht einfließen (Köln = *Cologne*, München = *Munich*).

Es kann in dieser Anfangsphase nur von Vorteil sein, den TN das Gefühl zu vermitteln, daß die Sprachen sich gegenseitig beeinflußen und ihr eigenes Sprachvermögen nicht defizitär ist.

3.3 Vorstellungsrunde: sozialintegratives Lernen

Die englische Sprache kann nun umgekehrt auch auf die eigene deutsche Sprache übertragen werden. Eine gute, sozialintegrative Methode ist hier sicherlich das Bekanntmachen der TN untereinander. Fordern Sie die TN dazu auf, Namensschilder mit Vor- und Nachnamen anzufertigen und sich damit dem Kurs vorstellen. Stellen Sie sich als Lehrende/r zuerst vor, indem Sie erst den deutschen und dann den englischen Satz verwenden:

> *Mein Name ist ... – My name is ...*

Fordern Sie jetzt die TN – möglichst ohne Verwendung einer Fragestruktur – dazu auf, sich nun selbst vorzustellen. Verwandeln Sie die deutschen Vornamen der TN in ihre englischen Entsprechungen, sofern dies möglich ist und fordern Sie die TN auf, diese ihrem deutschen Namen auf dem Namensschild hinzuzufügen. Sie haben mit dieser Vorstellungsrunde gleichzeitig einen Anschluß an Unit 1 des Lehrbuches.

3.4 Einführung von buchexternen Vokabeln

Sofern mehrere Stunden ohne Buch überbrückt werden müssen, empfiehlt es sich nicht, dem Lehrwerk vorzugreifen, denn die TN sollten mit der Einführung in das Lehrbuch aus Gründen der Lernsicherheit gleich spezifische visuelle Strukturen verbinden. Die Arbeit ohne Buch gibt Ihnen die Freiheit, die TN mit Gegenständen ihrer Umwelt in englischer Sprache vertraut zu machen. Es bietet sich dabei an, vorerst solche Nomen rein auditiv einzuführen, die mit der Lernsituation unmittelbar verbunden sind, wie z. B. *book, blackboard, teacher, pen, page, classroom, lesson* etc. Diese können je nach Wissensstand des Kurses auch schon mit der einfachen Frage *What is this?*
und der Antwort *This is a ... .*
verbunden werden. Beide können vorerst rein auditiv eingeführt werden. Die kontextuelle Verbindung macht es den TN leichter, die neuen Worte zu erlernen, ohne daß Sie als Lehrperson eine zusätzliche fiktive Lernsituation erfinden müßten. Darüber hinaus empfiehlt es sich, Vokabeln einzuführen, die in der späteren Unterrichtsplanung als Zusatzwortschatz noch von Nutzen sein können. So kann beispielsweise der Begriff *page*, mit der Seitenzahl verbunden, jede Stunde zum Einüben von Zahlen beitragen.

Da in diesen ersten Stunden die Sprechhemmungen der TN verständlicherweise relativ hoch sind, kann es von Vorteil sein, die Aussprache gemeinsam zu trainieren, indem Sie den Kurs zusammensprechen lassen.

4 EINFÜHRUNG DER TN IN DAS LEHRBUCH

Schülern und Schülerinnen ist der Umgang mit Lehr- und Wörterbüchern selbstverständlich und sie finden sich schnell darin zurecht. Für ältere Lernende ist die konstruktive Benutzung eines Lehrbuches dagegen keine so selbstverständliche Angelegenheit, zumal die Arbeit mit Lehrbüchern oft eine lange Zeitspanne zurückliegt. Die TN beschränken sich zumeist auf die Durchsicht der im Unterricht zuletzt behandelten Seiten. Insbesondere die Grammatik, das allgemeine Register und z. T. selbst das Vokabelverzeichnis gehören zu den eher vernachlässigten Rubriken.

Das Buch im Überblick zu erfassen läßt es nicht mehr als unerforschten Wissensberg erscheinen, sondern als Mittel zum Zweck, als Instrumentarium. Darüber hinaus schafft die gemeinsame Durchsicht des Lehrbuches zu Beginn des Kurses eine lernpsychologisch positive Situation, innerhalb derer alle gemeinsam am selben Punkt mit etwas Neuem beginnen. Das Lehrwerk vor der Verwendung in seiner Funktionsweise vorzustellen, ist also durchaus keine überflüssige, bevormundende Vorgehensweise, sondern hat eine wichtige praktische und lernpsychologische Funktion.

Unabdingbar für eine erfolgreiche Anwendung des Lehrbuches ist auch die Cassette. Die TN sollten dazu animiert werden, die im Buch gekennzeichneten Texte so häufig wie möglich zu hören. Das Hörverständnis verbessert sich wesentlich, wenn die Lernenden nicht nur auf die Stimme und Ausdrucksweise der/s KL fixiert sind.

5 HINWEISE ZUR ZIELSETZUNG DES TEACHER'S BOOK

Der vorliegende Band möchte in diesem Sinne Hilfestellungen und Anregungen beim Unterrichten mit *Sterling Silver* geben. Es ist **nicht** Ziel dieses Buches, jede Unit vorzu-strukturieren. Wieviel Zeit mit den einzelnen Lerneinheiten verbracht wird, hängt ganz von der Zusammensetzung des jeweiligen Kurses ab, seiner Lerngeschwindigkeit, seiner Motivation und seinen individuellen Lernbedürfnissen.

Das *Teacher's Book* versucht stattdessen, eine flexible Unterrichtsgestaltung zu unterstüt-zen, indem es Hinweise auf mögliche Aufgabenerweiterungen, zusätzliche grammatika-lische Erkärungen und mündliche wie schriftliche Zusatzübungen, Hörverständnisübun-gen, Lautschrift- und Aussprachübungen sowie Diktattexte als Tafelbilder oder Kopier-vorlagen anbietet. Die Übungen sind chronologisch in die jeweilige Unit eingearbeitet, müssen jedoch nicht notwendigerweise an der angegebenen Stelle verwendet werden. Zusatzübungen sind in ihrem Umfang so gehalten, daß der/die KL sie innerhalb kurzer Zeit während des Unterrichts an der Tafel durchführen kann; Kopiervorlagen sind als solche gekennzeichnet und in einem Anhang zu Vervielfältigung vorbereitet.

Wir wünschen Ihnen einen lebhaften und erfolgreichen Unterricht!

UNIT 1 HELLO, MY NAME IS ANN.

Thema	Sich vorstellen • Jemanden fragen, woher er/sie kommt
Grammatik	*I'm/You're/My name's* • *Are you? – Yes, I am./No, I'm not.*
Kopiervorlage	Practice 2b: Karteikarten mit fiktiven Personennamen und Orten (S. 54)

PRESENTATION & PRACTICE

Presentation 1a

In der ersten Unit werden einige der TN vielleicht mit dem ersten englischen Text vertraut, den sie je gelesen haben. Es empfiehlt sich daher nicht, sofort in den Text selbst einzusteigen, da zu erwarten ist, daß die TN das Verhältnis von Phonetik und Schreibweise als sehr ungewohnt empfinden.

Sie können als KL jedoch damit beginnen, daß Sie die ersten Sätze der *Presentation* in direkter Ansprache an die TN selbst einführen:

Hello, my name's ... Nice to meet you.

Schreiben Sie diese Sätze, indem Sie sie sprechen an die Tafel, so daß die TN, wenn sie den kurzen Text im Buch abgedruckt sehen schon einen Wiedererkennungseffekt erreichen.

Practice 1b

Es ist hier sicherlich sinnvoll, die TN sich nacheinander vorstellen und ihre Ansprechperson wählen zu lassen, so daß Aussprachefehler korrigiert werden können und die gegenseitige Anrede möglichst oft gehört wird. Dieses kann mit der Cassette vertieft werden.

Presentation 2a

Es empfiehlt sich auch hier, das neue Wortmaterial zuerst auditiv einzuführen, indem Sie z. B. zuerst erläutern, woher Sie selbst kommen:

I am from ...

In diesem *Presentation*-Text taucht das erste Mal der sogenannte Problemlaut *th* auf: *That's near Cologne.* Es empfiehlt sich, die Bildung dieses Lautes aussprachetechnisch zu erklären (die Zungenspitze wird an den Rand der oberen Schneidezähne geschoben) und sich nicht nur auf die Nachahmungsfähigkeit der TN zu verlassen. Das *th* unterteilt sich in der Aussprache in zwei Kategorien, das stimmlose *th (north)* und das stimmhafte *th (the)*. Daß ein *th* stimmlos ist, erklärt sich den TN am besten durch das Befühlen der Stimmbänder mit den Fingerspitzen im mittleren Halsbereich. Beim stimmlosen *th* vibrieren die Stimmbänder nicht, beim stimmhaften *th* dagegen, ist die Vibration deutlich zu spüren. Da das *th* im Deutschen einem Lispeln ähnlich ist, besteht zumeist aufseiten der TN eine verständliche Scheu, sich an diesen fremden Laut zu gewöhnen. Daher ist es lerntechnisch sicherlich sinnvoll, die Aussprache in einem gemeinsamen Gruppensprechen zu üben, so daß sich keine/r der TN exponiert fühlt.

Practice 2b

Die Vorstellungsrunde läßt sich erweitern, indem Sie an die TN Karteikarten verteilen, auf denen Sie ihnen fiktive Personen aus fiktiven Orten zuordnen. Auf diese Art und Weise läßt sich auch der Zusatzwortschatz einführen.
Fordern Sie die TN auf, die bisher gelernten Vorstellungsformeln zu verbinden und sich mit Namen und Herkunftsland vorzustellen. (Kopiervorlage, S. 54)

Presentation 3a + Practice 3b

Auf die vorher beschriebene Art und Weise lassen sich auch Text und Übung 3a + 3b verarbeiten.

GRAMMATIK

Zusatzübung: Kurz- und Langform bei gleichzeitiger Vertiefung des Zusatzwortschatzes

Formen Sie die Kurzform in die Langform und umgekehrt.

1   *Hello, my name is Laura.*
2   *I'm from Italy. Are you from Austria?*
3   *No, I am not. I am from Zurich.*
4   *That's in Switzerland.*
5   *My name's Andrea.*

ÜBUNGEN

Übung 1

Lassen Sie die TN zum Einüben wechselseitige Fragen stellen:

Is your name ...? – No, it is/it's not. It is /It's ...

Thema	Von der Familie erzählen
Grammatik	*He's/She's* • *his/her*
Kopiervorlage	Presentation 1a + Practice 1b: Stammbaum (S. 55)

Wiederholung

Fordern Sie die TN zur Wiederholung auf, die Namensschilder noch nicht aufzustellen, so daß jede/r TN noch einmal gefragt werden kann:

Is your name ...?

und dementsprechend antworten muß

Yes, my name is ... / No, it isn't. My name is ...

Bei einer richtigen Antwort kann das Namensschild dann aufgestellt werden.
Arbeiten Sie dann mit den Namensschildern und lassen Sie die TN ihren deutschen und ihren englischen Namen bekanntgeben:

My German name is ... and my English name is ...

Fordern Sie die TN auf, sich gegenseitig noch einmal nach ihren Heimatstädten oder Geburtsorten zu fragen.

PRESENTATION & PRACTICE

Presentation 1a + Practice 1b

Der Zusatzwortschatz läßt sich hier sehr gut mit Hilfe eines Stammbaums an der Tafel demonstrieren.
Ein/e TN kann hier Angaben über seine/ihre Familie zu machen, so daß Sie an der Tafel nach diesen Angaben einen Familienstammbaum zeichnen können.
Um den Zusatzwortschatz einzuüben, kann der Stammbaum auch als Kopie vorgegeben werden. Fordern Sie die TN nun auf, den jeweiligen Personen die englische Familienmitgliedsbezeichnungen beizufügen. (Kopiervorlage, S. 55)

Bei Bedarf kann der Zusatzwortschatz um die Begriffe *uncle, aunt, mother, father* etc. erweitert werden.

Presentation 2a + Practice 2b

Um die Beschreibung eines Aufenthaltsortes weiter einzuüben, kann der schon bekannte Stammbaum wieder benutzt werden. Verwenden Sie entweder die Kopie oder das erstellte Tafelbild und ordnen Sie jeder Person einen Aufenthaltsort zu. Fragen Sie die TN nach diesen Orten oder Nationalitäten:

This is ... and this is her daughter ... – Is she in ...?
This is ... He has a grandson. – Is he in ...? ect.

Zusatzübung: Personal- und Possessivpronomen

Fordern Sie die TN auf, ihre/n jeweilige/n Nachbarin/Nachbarn mit *he* oder *she* zu bezeichnen (sofern genügend männliche TN im Kurs sind).
Ebenso können die Personal- und die zugehörigen Possessivpronomen im bezug auf die Nachbarperson oder andere TN eingeübt werden:

She is ... Her name is ...

Practice 3c

Variieren Sie die Einladungsrunde, indem Sie alle Brillenträger/innen oder alle Personen mit blonden Haaren oder anderen gemeinsamen Merkmalen auffordern, sich gegenseitig einzuladen. (Sollten die TN sich nicht mit dem Vornamen anreden wollen, so können unter Verweis auf *Informationen & Tips,* Unit 3 die Begriffe *Mr* und *Mrs* eingeführt werden.)

ÜBUNGEN

Zusatzübung: Personal- und Possessivpronomen

Sollte noch Bedarf für das Einüben von Personalpronomen und/oder Possessivpronomen bestehen, so kann noch einmal der Stammbaum zu Hilfe genommen werden. Hier können die TN die jeweiligen Verwandtschaftsbeziehungen mit Possessivpronomen zuordnen:
This is ... and this is her/his ...

Zusatzübung: Übersetzung

1 Ich habe einen Bruder; er ist in Italien.
2 Sein Name ist Rodolfo.
3 Er ist in der Nähe von Rom.
4 Seine Frau ist mit ihrer Tochter in Deutschland.
5 Ihr Name ist Carla.

UNIT 3 MARY, THIS IS INGE.

Thema	Jemanden vorstellen/ansprechen • Nach dem Namen/ Sprachkenntnissen fragen
Grammatik	*It's* • *This is* • *That's* • *Your* • *Can you ...? – Yes, I can./ No, I'm afraid not.*
Kopiervorlage	Einführung in die Lautschrift (S. 56)

PRESENTATION & PRACTICE

Presentation 1a und Practice 1b

Der kurze Dialog übt die Redewendung *this is* in bezug auf Personen ein. In der Anschlußübung soll diese Phrase schematisch eingeübt werden. Siehe dazu auch die Grammatiktafel, Teil 1 auf S. 20.

Presentation 2a

Der *Presentation*-Text verwendet das Personalpronomen *it* in bezug auf Personen. Um hier Verwirrungen vorzubeugen, ist es sicherlich sinnvoll, die Grammatiktafel, Teil 1 auf S. 20 zu besprechen, in der der Unterschied zwischen *it* und *it's* erläutert wird.

Practice 2b

Führen Sie die Vokabeln von 2b und den Zusatzwortschatz auditiv ein, indem Sie Ihren eigenen Vornamen, Adresse etc. erst sprechen und dann an die Tafel schreiben. Lesen Sie dann den Zusatzwortschatz im Buch zusammen.
Zur Vertiefung können Sie z. B. Karteikarten mit Personenangaben verteilen oder Sie fordern die TN auf, selbst eine andere Identität anzunehmen. Lassen Sie rundum nach Name, Adresse, Nationalität, Sprachkenntnissen etc. fragen. Die Karteikarten sollten von den TN in Englisch ausgefüllt werden.

Zusatzübung: Personalpronomen

he, she oder *it?*

Mary	–	*she*	*street*	–
name	–		*Inge*	–
Bruno	–		*address*	–
town	–			

Einführung in die Lautschrift

Nachdem die TN erste Erfahrungen mit der englischen Rechtschreibung und Phonetik gemacht oder diese aufgefrischt haben, kann es von Vorteil sein, die Lautschrift einzuführen. Fast sämtliche Symbole können mit Hilfe von Vokabeln aus den ersten drei Units eingeführt werden. Um die Lautschrift so schnell wie möglich anwenden zu können, ist es unumgänglich, die Symbolliste einmal in Gänze vorzustellen. Da die TN jedoch das Lautschriftsystem natürlich nicht auf einmal auswendiglernen können, werden innerhalb der folgenden Units in bezug eine einzelne Symbole Ausspracheübungen angeboten. Die Kopiervorlage auf Seite 56 enthält eine Liste der benötigten Lautschriftzeichen mit Wortbeispielen aus den Units 1-3, mit der Ausnahme der Symbole [ɔɪ], [dʒ] und [θ], die erst in späteren Units von Nutzen sein werden.

Lautschrift-zeichen	Wortbeispiel	Unit	Lautschrift-zeichen	Wortbeispiel	Unit
[ɑ:]	are	1	[eə]	where	2
[ʌ]	son	2	[ɪə]	really	2
[e]	yes, friend	1, 2	[uə]	your	3
[ə]	daughter	2	[ɔɪ]	boy	13
[ɜ:]	her	2	[ʃ]	she	2
[æ]	that	1	[ʒ]	usually	16
[i:]	meet	1	[r]	Britain	1
[ɪ]	is	1	[ŋ]	hiking club	4
[ɔ:]	law	2	[w]	where	1
[ɒ]	from	3	[v]	Vienna	1
[ʊ]	good	1	[ð]	that	1
[u:]	you	1	[θ]	thanks	6
[aɪ]	nice	1	[s]	sister	2
[eɪ]	name	1	[z]	Zurich	1
[əʊ]	hello	1	[tʃ]	French	3
[aʊ]	town	3	[dʒ]	Germany	1

Es ist hilfreich, die Liste mit den TN gemeinsam durchzugehen. Vielleicht sind einige Mitglieder im Kurs, die noch keinerlei Erfahrungen mit der Lautschrift gemacht haben. In diesem Fall ist es wichtig, den Lernenden klar zu machen, daß es sich hier um die Aufzeichnung von Lauten handelt und nicht etwa um eine Rechtschreibhilfe. Dies geschieht am besten, indem die TN die Wortbeispiele nacheinander laut vorlesen und Sie als KL deutlich machen, um welchen Laut es in dem jeweiligen Begriff geht. Vielleicht können die TN zu einigen Lautsymbolen schon weitere eigene Beispiele bilden?

UNIT 4 SEE YOU LATER.

Thema	Nach englischen Ausdrücken fragen • Sich verabschieden
Grammatik	*What's ...* • *We are/They are* • *'s* und *of*-Genitiv

PRESENTATION & PRACTICE

Presentation 1a

In diesem *Presentation*-Text und dem Text 3a wird mit *we're* und *they're* die Liste der Formen von *be* in der einfachen Gegenwart vervollständigt. Eine Übersicht findet sich in der Grammatiktafel auf S. 24.

Practice 1b

Aus der neu erlernten Redewendung *What's ... in English?* läßt sich eine gemeinsame Vokabelübung gestalten. Fordern Sie die TN auf, sich gegenseitig nach schon bekannten Begriffen zu fragen. Die richtig genannten Worte können von den TN mitnotiert und die Rechtschreibung im Anschluß gemeinsam an der Tafel überprüft werden.
Nutzen Sie die in der Vokabelübung aufgelisteten Worte und fordern Sie die TN auf, zu Hause daraus vollständige Sätze zu bilden.

Presentation 2a + Practice 2b

Der Zusatzwortschatz kann hier zum Anlaß genommen werden, die Familienmitgliedsbezeichnungen noch einmal zu wiederholen. Sammeln Sie mit den TN alle bisher bekannten Begriffe schriftlich an der Tafel, so daß das Wortfeld einmal vollständig in der Übersicht erscheint.

Zusatzübung: Gegenwartsformen von *be*

Fordern Sie die TN auf, mit Hilfe der Grammatiktafel auf S. 24, für jede Form von *be* einen Beispielsatz zu bilden, der sich auf den/die TN selbst, die Nachbarin, die Gruppe etc. bezieht. Gehen sie so die Liste der Gegenwartsformen mehrmals durch, wobei die Reihenfolge der Personen durchaus nicht beibehalten werden muß.

BEISPIELE   *I'm German.*
We're a French class.
He is a member of a music club.

20

ÜBUNGEN

Übung 3

Zusatzübung: Personenbeschreibung

Die verlorengegangene Brieftasche. Folgende Informationen sind daraus zu entnehmen. Beschreiben Sie die Person mit eigenen Worten.

Ilse Waldler
56, verheiratet
Wien
Mitgliedsausweis für einen Kegelclub und einen Musikverein
zwei Enkelkinder
derzeitige Adresse: Kensington Hotel, Gloucester Road, London

Übung 4

Zusatzübung: Übersetzung – Präpositionen

1 Ich bin mit dem Wanderclub hier.
2 All die Mitglieder des Wanderclubs sind im Museum.
3 Meine Frau ist da drüben.
4 Ich habe eine Tochter in Spanien.
5 Sie ist in der Nähe von Barcelona.

Als Hausaufgabe könnten die TN auf der Grundlage der obigen Übersetzung bspw. einen Vorstellungsdialog zwischen zwei oder mehr fiktiven Personen konzipieren, die sich in einem Restaurant, Hotel oder auf einem Schiff etc. treffen und erste Informationen austauschen.

Zusatzübung: Aussprache und Lautschrift

Sammeln Sie gemeinsam mit den TN an der Tafel die in dieser Unit neu gelernten Begriffe, die zu den folgenden Symbolen passen:

[ɪ] *with, skittles club, hiking club, carnival club, music club*

Demgegenüber stehen Begriffe mit einem langen 'i':

[iː] *teacher, street, speak, meet*

Neu ist der Nasallaut im Englischen in dem Wort *hiking*. Achtung: viele TN neigen dazu, dem Deutschen entsprechend, das -ing am Ende des Wortes als ein 'ink' auszusprechen! Das korrekte Lautschriftzeichen ist das [ŋ].

[ŋ] *hiking*

Thema	Sich begrüßen • Fragen, wie es jemandem geht • Etwas anbieten • Etwas bedauern
Grammatik	*our* • *Is she ...? – Yes, she is./No, she isn't.*

PRESENTATION & PRACTICE

Presentation 1a und Practice 1b

In Zusammenhang mit dem Text 1a kann auf die Begrüßungsgewohnheiten in *Informationen & Tips* hingewiesen werden.

Um die Begrüßungsformeln zu verdeutlichen, können die englischen Begriffe *good morning, good afternoon* und *good evening* kurz mit an der Tafel aufgeführten Uhrzeiten verbunden werden:

09.00 – *Good morning.*
11.30 –
20.00 –
08.00 –
15.30 –

Practice 2b

Zeichnen Sie für die jeweiligen Getränke die üblichen Gefäße an die Tafel und lassen Sie die TN die dazugehörigen Getränke finden. Bei Bedarf kann hier der Zusatzwortschatz auch erweitert werden.

Presentation 3a

Das Einüben des Fragewortes *where* kann hier mit einer Wiederholung des 's-Genitivs verbunden werden. Fordern Sie die TN auf, nach ihren Sitzplätzen zu fragen:

A *Where's ...?*
B *Oh, s/he's over there. S/he's ...'s neighbour. And where's ...?*
C *S/he's ...'s neighbour.   ...*

Practice 3b

Lassen Sie die TN Fragen untereinander stellen. Dies läßt sich auch als sozialintegratives Ratespiel gestalten, durch das sich die TN noch besser kennenlernen.

Is Inge a member of ..., Bruno?

Inge gibt dann die korrekte Antwort.

ÜBUNGEN

Übung 6

Zusatzübung: Übersetzung

a Inge und Bruno kommen (sind) aus Deutschland.
b Dies ist Susans Kabine.
c Es geht ihr nicht gut.
d Susan hat vor nicht langer Zeit ihre Schwester verloren.
e Bruno und Inge, möchtet ihr etwas Saft?

Zusatzübung: Aussprache, Lautschrift und Diktat

Üben Sie mit den TN gemeinsam die Vokabeln aus der vorliegenden Unit mit Hilfe eines Diktats ein. Die vorliegende Liste ist nach gemeinsamen Lauten geordnet (was im Diktat nicht unbedingt notwendig ist), die die TN im Anschluß an das Diktat vielleicht schon selber herausfinden. Ordnen Sie mit den TN zusammen die folgenden Worte dann unter die entsprechenden Symbole:

good, coffee, you, sorry, lost, juice, afternoon, long, too, would

[uː]	[ʊ]	[ɒ]
you	*good*	*coffee*
too	*would*	*lost*
afternoon		*long*
juice		*sorry*

UNIT 7 CAN I HAVE THE BUTTER, PLEASE?

Thema	Um etwas bitten • Fragen stellen und beantworten
Grammatik	Fragen und Kurzantworten mit *be* • *their* • *its* • Fragewörter
Kopiervorlagen	Practice 1b: Rezept (S. 58) • Possesivpronomen (S. 59)

PRESENTATION & PRACTICE

Practice 1b

Da bis hierher schon einige Begriffe aus dem Nahrungsmittelbereich eingeführt worden sind, können die TN jetzt schon versuchen, auch zu Hause ihre Einkaufsliste so weit wie möglich in Englisch zu crstellen. Die Worte können noch einmal eingeübt werden, indem Sie an der Tafel eine fiktive *shopping list* in deutscher Sprache erstellen, die Sie dann gemeinsam mit den TN ins Englische übertragen. Da diese Vokabeln von den TN sicherlich als sehr nützlich und alltagsbezogen empfunden werden, kann hier bei Bedarf der Zusatzwortschatz ruhig erweitert werden.
Je nach Wissensstand haben die TN hier vielleicht schon Spaß an einem einfachen englischen Rezept. (Kopiervorlage, S. 58)

Presentation 2a

Der *Presentation*-Text vertieft, zusammen mit dem Text 3a, noch einmal die seit Unit 1 immer wieder eingeübten Antworten in der Kurz- bzw. Langform der einfachen Gegenwart. Die TN kennen jetzt alle Formen von *be* und können diese in der Übersicht der Grammatiktafel auf S. 34 wiederholen. Wichtig ist hier der Unterschied zwischen positiven und negativen Kurzantworten!

Presentation 2a + Practice 2b

Die Übung ist erweiterbar, indem Sie die TN untereinander Fragen in bezug auf bekannte Persönlichkeiten stellen:

Is President Clinton good-looking?
Is Princess Di slim? ...

Practice 3b

Die in 3b angebotenen Fragen können auch von den TN auf die eigene Gruppe/die Nachbarin/den Nachbarn etc. übertragen werden.

Zusatzübung: Vermischte Fragen

Finden Sie eine/n TN, über den/die Sie zusammen mit den anderen TN Fragen stellen können:

What's his/her name?
Is s/he married?
Where's s/he from?
Is s/he from England?
Is s/he German/English/Italian/Spanish ...?

Falls die TN die Antwort nicht wissen, sprechen Sie den/die TN direkt an:

Are you from ...? Are you married?

Verteilen Sie Karten mit Daten über fiktive Personen oder lassen Sie die TN diese selbst anfertigen. Die Gruppenmitglieder können dann Fragen stellen.

BEISPIELKARTE:

> Lena Biagotti
> Via Americana 12, Rome
> Italy
> 53
> member of a hiking club
> married, 2 children
> three sisters

ÜBUNGEN

Übung 1

Zusatzübung: Possessivpronomen (Kopiervorlage, S. 59)

Setzen Sie die passenden besitzanzeigenden Fürwörter ein.

1 We are here with ... daughter.
2 That man over there is Mr Smith. – Oh, and what's ... first name?
3 Is Susan's surname Johnson? – No, ... surname is Brown.
4 Hello Karin, nice to meet. This is ... friend Peter.
5 The Johnsons are here with ... hiking club.
6 Is the slim girl Peter's daughter? – No, she isn't. She's ... cousin.
7 What's the name of the couple over there? – ... name is Behan.
8 And who's the tall man over there? – Oh, that's ... husband.
9 John, is the young woman ... wife? – No, she isn't.
10 My brother and I are members of a choir. The name of ... choir is St. John's Choir.

UNIT 8 HOW MANY ARE THERE?

Thema	Fragen mit „wieviel" • Komplimente machen
Grammatik	Die Zahlen von 1–24 • Die Mehrzahl von Hauptwörtern

PRESENTATION & PRACTICE

Presentation 1a

Es werden die Zahlen von 1–16 und damit verbunden die Frage *How many ...?* eingeführt. In Zusammenhang mit den Zahlen steht auch das Plural 's', sowie die unregelmäßige Form des Plurals, wie etwa bei *wives*. Die Grammatiktafel auf S. 38 nennt zusätzlich die im Text nicht erwähnte Mehrzahlbildung mit 'es' (siehe hierzu den Zusatzwortschatz: *watches*).
Lesen Sie die Zahlen, nachdem Sie die Cassette gehört haben, noch einmal mit den TN zusammen, entweder nacheinander oder im gemeinsamen Sprechen.

Practice 1b

Die Zahlen können eingeübt werden, indem die TN sich gegenseitig deutsche Zahlen nennen; der/die Nachbar/in sagt sie dann in Englisch und nennt nun seiner/ihrerseits eine deutsche Zahl und so weiter. Ebenso können die Zahlen nun in Englisch vertieft werden, indem die TN sich gegenseitig eine englische Zahl nennen. Der/Die Nachbar/in nennt dann die folgende englische Ziffer und fährt ihrer/seinerseits mit einer anderen Zahl fort.
Fordern Sie die TN auf, englische Zahlen auch im Alltag zu benutzen, so z. B. bei den Lottozahlen, Busnummern, Hausnummern etc.

Presentation 2a

Mit dem Ausdruck *an English class* wird hier der Artikel *an* vor Vokalen oder Vokallauten *(an hour)* eingeführt. Siehe dazu auch die Grammatiktafel, S. 38.

Practice 2b

Da mit der Übung 2b alle Pluralbildungen eingeführt worden sind, können die TN jetzt sicherlich schon selber bekannte Worte aus den bisherigen Units in die Mehrzahl setzen und in den drei Gruppen 's', 'es' und unregelmäßige Formen gemeinsam an der Tafel sammeln.
Fordern Sie die TN auf, zu Hause oder in der Stunde, mit den gemeinsam an der Tafel gesammelten Begriffen im Singular oder/und Plural Sätze zu bilden.

ÜBUNGEN

Übung 1

Zusatzübung: Zahlen/Familienmitglieder

Fordern Sie die TN auf, Fragen zu stellen in bezug auf die Anzahl ihrer *grandchildren, uncles, brothers* etc. Dies ist ebenfalls eine Vokabelwiederholung zum Thema 'Verwandtschaftsverhältnisse'.

Übung 4

Zusatzübung: Übersetzung

1 Wieviele Personen gibt es in deiner Familie?
2 Laß mal sehen. Es gibt zwölf Personen.
3 Und wieviele Kinder?
4 Oh, drei Kinder. Zwei Mädchen und ein Junge.
5 Ich habe auch noch Verwandte in Italien und in Kanada.
6 Ja, deine Tante Sue in Toronto, richtig?
7 Jas, und eine Enkeltochter in Bozen und einen Onkel in Rom.

Zusatzübung: Aussprache und Lautschrift

Fordern Sie die TN auf, den gemeinsamen Laut (und sein Lautschriftsymbol) in den folgenden Worten zu suchen. Sie können dabei die Worte entweder an die Tafel schreiben oder als Hörverständnisübung den TN vorsprechen:

[æ]: *fat, married, accent, Spanish, thanks*

In Unit 8 enthält der neue Begriff *watch* den Laut [tʃ]. Dieser ist nicht zu verwechseln mit dem weicheren [ʃ] wie in *short* oder *sugar* (Unit 7). Fordern Sie die TN auf, noch weitere Worte mit dem scharfen [tʃ] Laut zu suchen:

BEISPIELE   *church, coach, French*

UNIT 9 WHERE ARE YOU FROM IN GERMANY?

Thema	Die Lage des Wohnortes beschreiben
Grammatik	Verneinung von *be*

PRESENTATION & PRACTICE

Presentation 1a

Mit dem Verb *live(s)* wird hier erstmals eine Form der einfachen Gegenwart außerhalb von *be* eingeführt. Der *Presentation*-Text 1a verwendet die Form in der 1. Person Einzahl, der *Presentation*-Text 2a erweitert dies auf die 3. Person Einzahl. Der Schwerpunkt der Unit liegt jedoch nicht auf der Einführung der einfachen Gegenwart, sondern auf der Einübung von Ortsbeschreibungen. Die einfache Gegenwart wird dann als Grammatik-schwerpunkt in der Unit 18 wieder aufgenommen. Siehe daher hierzu nur die kurze Erläuterung in dem zweiten Teil der Grammatiktafel auf S. 42.

In bezug auf die Einübung von Ortsbeschreibungen fragen Sie die TN nach bekannten deutschen Städten.
Kopieren Sie eine Landkarte und beschreiben Sie die wichtigsten Orte.
Fragen Sie danach, ob die jeweilige Stadt eine *city/village* ist.

Zusatzwortschatz:
Saxony
Northrhine Westphalia
Lower Saxony
Bavaria

Presentation 2a

Die weitere Zähl- und Schreibweise ab 20 sollte sicherheitshalber erläutert werden. Siehe auch Übung 2, S. 43.

Practice 2b

Ab jetzt können die TN sämtliche Seitenzahlen des Buches schon in Englisch nennen. Lassen Sie die folgenden Zahlen schreiben:

32 – 106 – 92 – 78 – 55 – 64

und folgende Zahlen nach dem Hörverständnis notieren:

forty-eight – ninety-two – one hundred and six – forty-four – seventy-three – thirty-one

Practice 3a

Fordern Sie die TN auf, sich gegenseitig nach ihren Geburtsorten zu fragen:

Where are you originally from?

Die jeweiligen Orte können dann mit Hilfe von weiteren TN-Fragen näher beschrieben werden:

Where is ...?
Is it a village/city?
Is it a small/big/medium-sized place?
Is it north/south of ...?

ÜBUNGEN

Zusatzübung: Diktat oder Hörverständnisübung

Hello, my name's Susan Smith. I am from England. I live in Hastings. Hastings is a small town. It's about 60 kilometres south of London. I am from Brighton originally. Brighton is a seaside town. It is a nice place west of Hastings. My family is from Brighton, too. But . my sister and my grandchildren live in London.

Zusatzübung: Aussprache und Lautschrift

Erkennen die TN schon die folgenden Worte?

[seɪv]
[bɪg]
[smɔːl]
[nɔːθ] – north
['sevnti]
[naɪnti]
[ə'rɪdʒənəli]
[faː]
['θɜːti]

Bevor sie die Worte gemeinsam an der Tafel sammeln, sollten die TN die Begriffe erst selbständig notieren, um dann ihre Rechtschreibung zu überprüfen.

UNIT 11 WHAT IS THERE TO DO AND SEE?

Thema	Jemandem von seiner Stadt erzählen
Grammatik	*there is/are* • *some* • *any*
Kopiervorlage	Presentation 2a: *some* and *any* (S. 56)

PRESENTATION & PRACTICE

Presentation 1a

Der *Presentation*-Text führt die Redewendung „es gibt" in der Einzahl als *there is* ein. 2a übernimmt dann die Verwendung des Plurals *there are*.

Practice 1b

Fordern Sie die TN auf, zur Vertiefung der Wendung *there is* in der Stunde oder als Hausaufgabe, einen kleinen Werbeprospekt zu verfassen, in dem sie die Vor- und Nachteile ihres gewählten Ortes beschreiben. Die TN können hier fiktive Orte oder auch von ihnen besuchte Städte beschreiben. Hier kann sehr gut die Verwendung des Zusatzwortschatzes eingeübt und die Lagebeschreibung aus Unit 9 wiederholt werden.

Presentation 2a

Machen Sie die Verwendung von *some* und *any* noch einmal deutlich, indem Sie aus 2a die dementsprechenden Sätze herausnehmen und mit den TN zusammen an der Tafel bejahen oder verneinen.

+ *There are some nice places near Euskirchen.*
- *There aren't any nice places near Euskirchen.*

+ *There are some good pubs.*
- *There aren't any good pubs.*

+ *There aren't any good night clubs.*
- *There are some good night clubs.*

Zusatzübung: *some* und *any*

Beschreiben Sie die Stadt Merrytown anhand der folgenden Liste. Verwenden Sie dabei *some* und *any*. (Kopiervorlage, S. 56)

Yes: museums, nice buildings, good cricket teams old pubs, beautiful parks
No: castles, rivers, night clubs, sports centres

BEISPIEL   *There aren't any ... but there are ...*

Practice 2b

Fordern Sie die TN auf, nach interessanten Dingen zu fragen, die es in ihrem jeweiligen Stadtteil zu sehen gibt:

Are there interesting old buildings in your part of town?
Is there a cinema in your part of town?
Is there a park in your part of town?
Is it an old town? ...

Zusatzwortschatz: *part of town*

Where is my town?
Machen Sie aus der Verwendung der Stadtbeschreibung ein Ratespiel: Ein/e TN denkt an eine berühmte Stadt. Die anderen TN fragen dann nach den herausragendsten Eigenschaften, um die Stadt zu erraten:

Is it a town/city/village?
Is there a big river in your town/city?
Is there a famous theatre in ...
Is your town south/north ... of Germany?
Is it an old town? etc.

ÜBUNGEN

Zusatzübung: Diktat oder Hörverständnisübung

Meerburg is a very nice place southeast of Gelstedt. It is a medium-sized town with an interesting castle and some old buildings. There aren't a lot of good shops, but Meerburg is not far from the next city. What else is there to see? There is a new sports centre north of Meerburg with a very good ski club. And nearby the theatre is a music club. Near the river there's a big park and the countryside is beautiful.

Thema	Über Freizeitangebote sprechen • Einladungen und Angebote
Grammatik	*Is/Are there ...?* • Fragen mit *some/any* • *Would you like ...?*

PRESENTATION & PRACTICE

Presentation 1a

Der *Presentation*-Text vertieft die in Unit 11 schon eingeführte Fragestruktur *Is/are there?* und übt negative Kurzantworten ein.

Practice 1b

Fragen Sie nach den Lieblingsstädten der TN und lassen und fordern sie sie auf, untereinander darüber Fragen zu stellen:

What is your favourite town?

Zusatzwortschatz: *favourite town*

Practice 2b

Erweitern Sie die Übung, indem sie die TN auffordern, über ihre Familie, ihren Klub, Freundeskreis etc. zu sprechen.

Are there people from America in your family?
Are there many men in your ...club?   etc.

Presentation 3a

Der Text führt den Begriff *some* jetzt auch in Zusammenhang mit einer Frage ein. Siehe dazu als Wiederholung Unit 11, Grammatikteil, S. 48. Es kann hier sinnvoll sein, die gesamten Regeln von *some* und *any* an einem Tafelbild deutlich zu machen. Fordern Sie die TN auf, zu dem folgenden Tafelbild selbst einige Beispielsätze zu bilden. Insbesondere der Unterschied zwischen der Verwendung von *some* und *any* in Fragen kann hier Schwierigkeiten aufwerfen.

	some	*any*	
–	—	There aren't any good museums.	– = Verneinungen
+	There are some good pubs.	—	+ = Aussagesätze
?	Would you like some tea?	Are there any Italian restaurants?	? = Fragen

Zusatzübung: Bildbeschreibung, S. 50 oder S. 51

Fordern Sie die TN auf, zu beschreiben, was sie auf dem Bild bzw. Photo sehen:

What is there in the picture?

Mit der Bildbeschreibung konnte die schon eingeführte Frage „Gibt es ...?" vertieft werden. Der erste Teil der Grammatiktafeln, S. 52 nimmt diesen Aspekt noch einmal auf. Während im Deutschen der Ausdruck „Gibt es ...?" im Singular und Plural gleichbleibt (Gibt es hier ein Hotel? – Gibt es hier mehrere Hotels?) sollte den TN deutlich sein, daß im Englischen Einzahl (*Is there ...?*) und Mehrzahl (*Are there ...?*) sorgfältig unterschieden werden müssen.

ÜBUNGEN

Übung 1

Zusatzübung: Fragen stellen

Erweitern Sie die Fragen, indem Sie die TN nach ihrer Familie fragen:

Is there an Englishman in your family?
Is there a ...?

Zusatzübung: Bildbeschreibung, S. 53

Sie können das Bild nutzen, um Zahlen, Nationalitäten und/oder Familienverhältnisse zu wiederholen (siehe dazu auch Unit 8):

How many men are there in the picture?
How many women ...?
How many children ...?

Is Jim from England?
Is Susann from Switzerland?

Is Tom Gregg's father?
Is Angel Jim's cousin?

Je nach Wissensstand der Gruppe können diese Fragenblöcke auch gemischt an die TN gestellt werden. Ebenso können die TN sich gegenseitig diese Fragen stellen.

UNIT 13 TELL ME ABOUT YOUR FAMILY.

Thema	Von der Familie erzählen
Grammatik	*have/has*
Kopiervorlagen	Practice 1b: Stammbaum (S. 55) •
	Übung 2: Übersetzung (S. 60)

PRESENTATION & PRACTICE

Presentation 1a

Der *Presentation*-Text führt *have/has* als neues Grammatikelement ein. Siehe dazu die grammatikalische Erläuterung auf S. 56. Ebenfalls neu ist die Vokabel *also* als zweiter Begriff neben *too*, für das deutsche „auch". Siehe dazu auch *Informationen & Tips*. Weisen Sie darauf hin, daß *also* und *too* bei gleicher Bedeutung in unterschiedlicher Satzstellung verwendet werden müssen:

I also have a son.
I have a son, too.

Also, keine Endstellung für *also*!

Practice 1b

Mit Hilfe des schon verwendeten Stammbaum-Prinzips (Kopiervorlage, S. 55) kann diese Übung erweitert und die Verwandtschaftsbezeichnungen sowie die Possessivpronomen wiederholt und *have/has* vertieft werden. Erstellen Sie mit den TN erneut einen Stammbaum an der Tafel. Jede/r TN kann hierzu ein Familienmitglied beisteuern. Beginnen Sie damit ein Ehepaar vorzugeben:

This is Mary.
Mary has a husband.
Her husband's name is Colin.

Practice 2b

Wiederholen Sie Zahlen, indem die TN innerhalb des Stammbaums nach dem möglichen Alter der Personen fragen:

A *How old is ...?*
B *... is ... old. And how old is ...?*
C *...*

Tragen Sie das Alter der genannten Person ein, so daß die Zahlen als Vokabeln noch einmal überprüft werden können.

ÜBUNGEN

Übung 2

Zusatzübung: Übersetzung (Kopiervorlage, S. 60)

Übersetzen Sie die folgenden Sätze ins Englische.

1 Mary hat eine Tochter und einen Sohn.
2 Sie hat Verwandte in Frankfurt.
3 Ihre Verwandten haben ein hübsches Hotel in einem Dorf im Süden.
4 Das Hotel hat auch ein großes Schwimmbad.
5 Marys Sohn ist verheiratet und hat zwei Töchter.
6 Also hat Mary zwei Enkelkinder.
7 Die Enkelkinder haben auch Tiere.
8 Der Junge hat eine kleine Katze.
9 Die Katze hat einen interessanten Namen.
10 Mary hat einige schöne Photos von ihren Enkelkindern.

Zusatzübung: Aussprache und Lautschrift

Im Deutschen wird das „v" am Ende eines Wortes wie in „f" ausgesprochen (negativ, relativ). Im Englischen dagegen, bleibt das „v" auch in der Aussprache ein „v", in der Lautschrift ein [v]. Fordern Sie die TN auf, in den folgenden Worten einen [v]-bzw. [f]-Laut zu suchen. Diese Übung läßt sich sowohl als Hörverständnisübung als auch als Diktat durchführen:

have, carnival, family, awful, for, relative, divorced, photo, fine, far, twelve, forty, five, village, fifteen

[v]	[f]
have	family
carnival	awful
relative	for
divorced	photo
twelve	fine
five	five
village	fifteen

UNIT 14 EXCUSE ME, WHAT TIME IS IT, PLEASE?

Thema	Nach Uhrzeiten fragen
Grammatik	Uhrzeiten • *will*

PRESENTATION & PRACTICE

Presentation 1a

Der *Presentation*-Text führt das Futur mit *will* ein. Siehe dazu Grammatiktafel, zweiter Teil, S. 60. Es gilt hier darauf zu achten, daß das englische *will nicht* mit dem deutschen „wollen" verwechselt wird!

Practice 1a

Fordern Sie die TN auf, sich gegenseitig zu fragen, zu welcher Uhrzeit sie zu Hause/an der Bushaltestelle etc. sein werden.

When will you be back home/at the bus stop ...?

Zusatzwortschatz: *back*

Practice 2b

Reiseerfahrene TN haben sicherlich auch schon mit englischem Vokabular auf Flughäfen und Bahnhöfen Bekanntschaft gemacht.

Zusatzwortschatz:
delayed
cancelled

Presentation 3a und Practice 3b

In diesen beiden Texten werden *when* und *what time* als mögliche Frageworte nach der Uhrzeit verwendet. Es kann hier nützlich sein, darauf hinzuweisen, daß *when* und *what time* in den Fragen

When/What time is dinner/breakfast ...?

austauschbar sind, nicht jedoch in der Frage nach der Uhrzeit

What time is it?

Practice 3b

Fordern Sie die TN auf, einen fiktiven Reiseplan zu erstellen und diesen dann vorzutragen oder zu verschriftlichen oder erstellen Sie mit den TN zusammen einen solchen Plan an der Tafel, indem die TN Ihnen die einzelnen Stationen vorgeben. Es können jetzt alle möglichen Uhrzeiten miteinbezogen werden.

The coach/The train/We will leave Frankfurt at 6.30 a.m.
We will arrive in ... at ...

Auslandserfahrenen TN ist vielleicht bekannt, daß auf Zeittafeln die Uhrzeiten manchmal, wie im Deutschen, in durchgezählten Stunden bis 24.00 angegeben werden. Weisen Sie in diesem Zusammenhang daraufhin, daß die 24-stündige Uhr nur bei Fahrplänen oder offiziellen Durchsagen üblich ist nicht aber im alltäglichen Sprachgebrauch. Siehe dazu *Informationen & Tips.*

ÜBUNGEN

Übung 4

Bei den Sätzen 1 und 3 kann sich die Frage ergeben, warum nach dem **nächsten** Zug nicht im Futur gefragt wird. Also mit:

When will the next train be?

Weisen Sie hier daraufhin, daß **regelmäßige** Geschehnisse, wie Zugan- und abfahrtszeiten, wöchentliche Klavierstunden etc., auch in der einfachen Gegenwart ausgedrückt werden können. Die einfache Gegenwart wird wieder aufgenommen in Unit 16, S. 66.

Zusatzübung: Aussprache und Lautschrift

Die folgenden Vokabeln können gleichzeitig als Lautschrift- und Diktatübung genutzt werden. Die Worte können entweder sofort nach ihrer Lautähnlichkeit diktiert werden oder in veränderter Reihenfolge. Die Begriffe werden dann hinterher gemeinsam an der Tafel gesammelt, wobei der jeweilige Laut mit seinem Symbol als Suchkriterium vorgegeben werden sollte. Bei der gemeinsamen Überprüfung können die Worte dann unter den entsprechenden Lautschriftzeichen an der Tafel gesammelt werden.

[aɪ]	[ɔɪ]	[eɪ]
fine	boy	late
time	noisy	eight
arrive		plane
		train

Thema	Über Gewohnheiten sprechen • Seinen Tagesablauf beschreiben
Grammatik	Einfache Gegenwart • Satzstellung von Häufigkeitsadverbien/ Zeitbestimmungen
Kopiervorlage	Practice 3b: Ann's and Peter's week (S. 57)

PRESENTATION & PRACTICE

Presentation 1a

Verweisen sie nach 1a schon auf den Grammatikteil, S. 66. Adverbiale Bestimmungen der Häufigkeit stehen zumeist vor dem Hauptverb, niemals aber zwischen Verb und Objekt. Der Bedeutungsunterschied in den möglichen Satzstellungen adverbialer Bestimmungen liegt in ihrer Betonung. Dies kann auch an einem deutschen Beispielsatz verdeutlicht werden:

Ich arbeite *gewöhnlich* teilzeit.   I *usually* work part-time.
Gewöhnlich arbeite ich teilzeit.   *Usually* I work part-time.

Der *Presentation*-Text verwendet darüber hinaus – wie auch die Texte 2a und 3a – vermehrt Verben in der 1. Person Einzahl der einfachen Gegenwart (z. B: *get up, start work, watch TV* etc.). Sowohl die 1. Person als auch die 3. Person Singular wurde in Unit 9 schon kurz eingeführt. Siehe dazu, bei Bedarf zur Wiederholung, Unit 9, Grammatiktafel, Teil 2, S. 42.

Practice 1b

Fordern Sie die TN auf, von ihrem Wochenablauf zu berichten:

On Monday I usually go shopping/go to my gymnastics class/visit my sister/go to my English, French class ...

Ebenso können Sie Teile ihres eigenen Wochenplans als Hörverständnisübung vorstellen. Die TN können beim Zuhören Notizen machen und den Wochenplan dann gemeinsam an der Tafel erstellen.

Practice 3b

Zusatzübung: Kombination von Wochentag und Tageszeit (Kopiervorlage, S. 57)

Ann's and Peter's week
Weisen Sie darauf hin, daß wenn eine Zeit- und eine Ortsangabe im Satz vorkommen, die OZ-Regel gilt: wie im Alphabet kommt O vor Z, also Ort vor Zeit.

ÜBUNGEN

Übung 3

Zusatzübung: Übersetzung

Übersetzen Sie die folgenden Sätze ins Englische, und achten Sie dabei auf die Stellung der Häufigkeitsangaben.

1 Ich stehe gewöhnlich um 8 Uhr auf.
2 Ich höre mir manchmal die Nachrichten im Radio an.
3 Ich sehe niemals morgens Fernsehen.
4 Ich gehe manchmal montags zum Chor.
5 Ich lese gewöhnlich abends ein Buch.

Zusatzwortschatz: *the news*

Übung 4

Zusatzübung: englische Wochentage

Benutzen Sie einen Kalender als Kopie oder Tafelbild und lassen Sie eine/n TN eine Zahl, ein Datum nennen; die anderen TN nennen dann in Englisch den entsprechenden Wochentag und geben dann eine neue Zahl weiter.
Da Wochentage insbesondere auf Fahrplänen oft abgekürzt werden, ist es für die TN sicherlich nützlich, diese Abkürzungen kennenzulernen:

Mon	*– Monday*	*Fri*	*– Friday*
Tue(s)	*– Tuesday*	*Sat*	*– Saturday*
Wed	*– Wednesday*	*Sun*	*– Sunday*
Thur	*– Thursday*		

Sammeln Sie die Abkürzungen an der Tafel. Die TN erkennen die Wochentage und können sie zur Übung buchstabieren.

Zusatzübung: Aussprache und Lautschrift

Vielleicht können die TN die folgenden Wochentage jetzt schon in der Lautschrift wieder-erkennen?

1 ['sʌndeɪ, –di]
2 ['wenzdeɪ, –di]
3 ['mʌndeɪ, –di]
4 ['θɜːzdeɪ, –di]
5 ['sætədeɪ, –di]
6 ['fraɪdeɪ, –di]
7 ['tjuːzdeɪ, –di]

Thema	Über Mahlzeiten sprechen
Grammatik	Verneinungen mit *don't*
Kopiervorlage	Übung 3: Susan's Friday (S. 61) • Übung 4: Wortspinne (S. 58)

PRESENTATION & PRACTICE

Presentation 1a

Es wird hier die Verneinung mit *don't* eingeführt. Da es sich dabei um eine etwas komplexere Grammatikstruktur handelt, kann es für die *absolute beginners* hilfreich sein, wenn Sie die Negation – vor dem Einstieg in den Text – an ein oder zwei Beispielen an der Tafel verdeutlichen, zumal die Verneinung hier sofort mit adverbialen Bestimmungen verbunden wird. Beispielsätze ohne Adverbien finden sich auch im zweiten Teil der Grammatiktafeln auf S. 70.

Practice 2b

Lassen Sie die TN berichten, was sie gewöhnlich zum Abendessen haben.

Zusatzwortschatz: *wine, beer, mineral water, brown bread, warm/cold dinner*

Practice 3b

Stellen Sie sich mit den TN vor, sie laden Freunde zum Brunch oder zum Abendessen ein. Erstellen Sie gemeinsam mit den TN an der Tafel eine *shopping list.*

ÜBUNGEN

Übung 1

Zusatzübung: Verneinungen

Verneinen Sie die folgenden Sätze.

1 On Monday I get up late.
2 I have a big breakfast.
3 I usually have sausages, eggs, and toast with jam.
4 After breakfast I go to the cinema.
5 And I often go shopping afterwards and have dinner in a restaurant.

Übung 3

Zusatzübung: Übersetzung (Kopiervorlage, S. 61)

Susan's Friday
1 Ich stehe gewöhnlich um 7.00 Uhr auf.
2 Dann mache ich gewöhnlich das Frühstück: Kaffee, Toast, Käse und Marmelade.
3 Ich arbeite teilzeit.
4 Am Freitag muß ich immer um 14.00 Uhr mit der Arbeit anfangen.
5 Manchmal bin ich spät zu Hause.
6 Gewöhnlich mache ich um halb sieben Abendbrot.
7 Ich esse niemals warm zu Abend.
8 Manchmal trinke ich ein Glas Wein.
9 Nach dem Abendessen lese ich oft ein Buch oder ich sehe fern.
10 Am Samstag gehe ich manchmal ins Theater oder ins Konzert.

Übung 4

Sammeln Sie Begriffe, die Ihnen zu den Mahlzeiten einfallen.
(Kopiervorlage, S. 58)

brunch
elegant dinner
picknick

Zusatzübung: Aussprache und Lautschrift

Suchen Sie mit den TN gemeinsam *th*-Worte und ordnen Sie diese an der Tafel mit Hilfe der Lautzeichen in die beiden genannten Gruppen ein.

stimmloses „th" [θ]	stimmhaftes „th" [ð]
south	this
north	there
both	altogether
thanks	the
thirteen	brother
thirty	their
three	they

UNIT 18 TELL ME ABOUT YOUR SON.

Thema	Über das Leben einer anderen Person sprechen
Grammatik	Einfache Gegenwart: 3. Person
Kopiervorlage	Presentation 2a: Übersetzung (S. 62)

PRESENTATION & PRACTICE

Presentation 1a

Der *Presentation*-Text führt die 3. Person Einzahl in der einfachen Gegenwart ein. Um diese Struktur zu verdeutlichen, können die TN z. B. alle Aktivitäten in Verbform aus dem Lesetext heraussuchen und diese gemeinsam an der Tafel sammeln. Fordern Sie die TN dann auf, diese in die Grundform zurückzusetzen.

An diesem Punkt empfiehlt es sich, auf die Grammatiktafeln zu verweisen, in denen die 3. Person Einzahl in der einfachen Gegenwart erläutert wird. Siehe dazu die Teile 1 und 2 der Grammatiktafel, S. 74.

Das Einüben der Verbformen kann vertieft werden, indem die TN den von Ann erzählten Text in die 3. Person Mehrzahl umsetzen.

Practice 1b

Zusatzübung: 1. Person Einzahl in der einfachen Gegenwart

Fordern Sie die TN auf, einen kleinen Text zu verfassen und ihre Freizeitaktivitäten zu beschreiben. Das Verb *like* ist bei diesen Beschreibungen sicherlich nützlich. Es ist hier empfehlenswert, noch einmal auf die Unterscheidung zwischen *like* + Hauptwort und *like to* + Verb hinzuweisen. Siehe dazu auch Unit 12, Grammatiktafel, Teil 3, S. 52.

Zusatzübung: Aussprache und Lautschrift

Welche Aktivitäten sind hier aufgelistet?

1 [vɪsɪt ə frend]
2 [gəʊ 'haɪkɪŋ]
3 [lɪsn tu ə 'kɒnsət]
4 [gəʊ 'skiːɪŋ]
5 [raɪt ə 'letə]

Presentation 2a

Zusatzübung: Hilfsverb *can* (Kopiervorlage, S. 62)

Übersetzen Sie die folgenden Sätze ins Englische.

Was man in Meerbach tun kann:
1   Im Winter kann man in Meerbach Ski laufen.
2   Im Sommer kann man wandern.
3   Man kann auch windsurfen.
4   Abends kann man ins Theater oder ins Kino gehen.
5   Montags kann man im Chor mitsingen.
6   Freitags kann man zum Kegelklub gehen.
7   Man kann am Sonntag ins Konzert gehen.
8   Sonntag abend kann man dem Chor in der Kirche zuhören.
9   Im Sommer kann man im Park spazieren gehen.
10   Natürlich kann man auch einkaufen gehen.

Practice 2b

Sammeln Sie mit den TN Sommer- und Winteraktivitäten. Beschreiben Sie, wodurch sich ein 'Wintersonntag' von einem 'Sommersonntag' unterscheidet.

Zusatzübung: Aussprache und Lautschrift

In den bisherigen Übungen sind noch nicht vorgekommen die Lautsymbole [ɜː] (surfing), [ɔː] (walk), [əʊ] (go) und [ə] (a, letter). Suchen Sie gemeinsam mit den TN noch weitere Worte zu diesen Symbolen.

BEISPIELE   [e] – then, when, next   [ə] – brother, sister, centre
             [ɔː] – quarter, always, normal   [ɜː] – Germany, church
             [əʊ] – roll, cold, no

ÜBUNGEN

Übung 4
Ordnen Sie die Satzteile.
1   lives/my aunt Susan/in Oxford
2   Linda and Peter/French/speak/both
3   often/we/to the sea/go/over the weekend
4   the children/to bed/early/go
5   go skiing/in Austria/the Schmidts/in the winter

Thema	Über das Wetter sprechen • Vorschläge machen
Grammatik	Verneinungen mit *doesn't*
Kopiervorlage	Practice 2b: Jahreszeiten (S. 57)

PRESENTATION & PRACTICE

Presentation 1a

Erläutern Sie anhand dieses Textes die Verneinung in der einfachen Gegenwart mit *doesn't*. Verwenden Sie dazu die Grammatiktafel auf S. 78.
Obwohl die Verneinung mit *don't* schon eingeführt wurde (Unit 17, S. 70), neigen TN oft dazu, bei der Verneinung mit *doesn't* das 's' wieder an das Hauptverb anzuhängen *(He doesn't likes the winter.)*. Als Eselsbrücke kann hier dienen, daß das 's' sozusagen schon in der Verneinung mit *doesn't* enthalten ist und daher nach der Verneinung mit *doesn't* (und mit *don't*) immer die Grundform verwendet wird.

Practice 1b

Zusatzübung: Verneinungen

Verneinen Sie die folgenden Sätze.

1 Inge goes to Madeira every year.
2 She usually has a holiday in the summer.
3 She minds the heat very much.
4 Her husband likes the summer.
5 Inge likes the winter best.

Practice 2b

Zusatzübung: Fragen nach dem Wetter (Kopiervorlage, S. 57)

What's the weather like?
Die TN können anhand der Übersicht gegenseitig Fragen nach dem Wetter stellen:

What's the weather like in Spain in the summer?

Zusatzwortschatz:
sunny
rainy
cloudy

Practice 3b

Neben can, *will* und *must* sind jetzt mit *shall* vier Hilfsverben bekannt. Hier eine kurze Wiederholungsübung.

Zusatzübung: Wiederholung der Hilfsverben

1 Sollen wir das Stadtmuseum besuchen?
2 Wir können das Museum nicht besuchen. Es ist jetzt geschlossen *(close)*.
3 Aber wir müssen zum Schloß gehen. Es ist alt und sehr interessant.
4 Ja, das werden wir am Nachmittag machen.
5 Sollen wir jetzt einen Kaffee trinken?

ÜBUNGEN

Übung 2

Zusatzübung: Wiederholung der Verben

Die TN kennen inzwischen die folgenden Verben: *arrive, come, cook, do, fetch, finish, get up, go, have/has, hike, leave, let, like, listen to, live, make, meet, say, see, sing, speak, start, tell, visit, walk, watch TV, want to, work, write.* Sammeln Sie vorerst so viele Verben wie möglich mit den TN an der Tafel und vervollständigen Sie die Liste, wenn notwendig. Jede/r TN, der/die ein Wort gefunden hat, gibt dieses an seinen/ihre Nachbarn/Nachbarin oder die Gruppe weiter, die dann einen Satz mit diesem Verb bildet. Die TN sollten dabei möglichst vielseitige Formen der einfachen Gegenwart verwenden.

Übung 5

Zusatzübung: Übersetzung – *what* oder *how*?

1 Wie ist die Stadt?
2 Wie warm ist es?
3 Was ist ein schöner Urlaub für Sie?
4 Wie sind ihr Vater und ihre Mutter?
5 Wie viele Museen gibt es in London?

Zusatzübung: Aussprache und Lautschrift

[wen] – [wɒt] – [haʊ ˈɒfn] – [wɒt taɪm] – [weə] – [huː]

Fordern Sie nun die TN auf, die Frageworte zu verwenden, um in einem beliebigen Beispielsatz nach den einzelnen Satzteilen zu fragen.

All the members of Bruno's skittles club meet in " The Crown"at 8 o'clock twice a month.

45

UNIT 21 DO YOU KNOW THIS MAN?

Thema	Fragen und Antworten
Grammatik	Fragen und Kurzantworten mit *do*
Kopiervorlage	Übung 3: Verneinung und Fragen (S. 63)

PRESENTATION & PRACTICE

Presentation 1a

Der Text führt Fragen in der einfachen Gegenwart ein, also Fragen mit *do*. Die Grammatiktafeln auf S. 84 stellt Fragen mit *do* und Verneinungen mit *don't* gegenüber. Verweisen Sie nach der Lektüre des *Presentation*-Textes auf diese Tafeln. Sollten sich hier Schwierigkeiten ergeben, ist es sicherlich sinnvoll, einige Beispielsätze gemeinsam an der Tafel in Fragesätze umzuwandeln:

BEISPIELE

Aussagesatz	Frage
They all live in London.	*Do they all live in London?*
I often see my neighbour.	*Do you often see your neighbour?*
We get up at 8 o'clock.	*Do we get up at 8 o'clock?*

Practice 1b

Verweisen Sie darauf, daß eine Frage mit Fragewort in der einfachen Gegenwart gebildet wird, indem man das Fragewort einfach vor *do* stellt.

BEISPIELE *Do they all live in London? – Where do they all live in London?*
Do you often see your neighbour? – How often do you see your neighbour?

Practice 2b

Die Frage *Do you know ...?* kann sehr gut verwendet werden, um die TN zu freiem Sprechen zu ermutigen. Fragen Sie nach bekannten Städten und Orten.

Do you know ...?
What's ... like? – old/interesting/nice/awful ...

Practice 3b

Fordern Sie die TN auf, sich gegenseitig nach ihren Sprachkenntnissen zu fragen.

Do you speak Spanish/English/French/Italian? – Yes, I do./No, I don't.

Zusatzwortschatz: *a little bit*

Hier kann der Wortschatz bei Bedarf um diverse Länder und Sprachen erweitert werden. Es bietet sich auch an, in diesem Zusammenhang Länder und Nationalitäten als Vokabel zu wiederholen.

Zusatzübung: Land und Nationalität/Sprache

Setzen Sie ein. Wie könnten die noch nicht bekannten Länder und Landessprachen lauten?

Great Britain	...	The Netherlands	...
...	Italian	...	Danish
Spain	...	...	Swedish
...	French	the USA	...
Germany	...		

ÜBUNGEN

Übung 3

Zusatzübung: Verneinungen und Fragen in der einfachen Gegenwart
(Kopiervorlage, S. 63)

Wandeln Sie die folgenden Sätze in Fragen bzw. Verneinungen um oder fragen Sie nach dem in Klammern gesetzten Satzteil. In welche Form der Satz umgewandelt werden soll, sagt Ihnen das in Klammern gesetzte Zeichen.

1   I work in the garden (every day).
2   We like the autumn best. (?)
3   I usually have tea for breakfast. (–)
4   They start work at eight o'clock. (?)
5   I don't mind the cold. (+)
6   Peter and Linda go out for a walk every Sunday morning. (?)
7   The ship stops in Madeira. (–)
8   Iris doesn't sing in a choir. (+)
9   Ann's daughter goes hiking twice a year. (–)
10 They go to an English class. (?)
11 Sally doesn't like English beer. (+)
12 The coach arrives in Berlin (at 12.30).
13 I often visit friends. (?)
14 They see their daughter (four times a year).
15 I don't speak English. (+)

UNIT 22 DOES SHE SPEAK ENGLISH?

Thema	Über die Familie sprechen • Bilder zeigen
Grammatik	Fragen und Kurzantworten mit *does* • *me/you/him/her/us/you/them*
Kopiervorlage	Zusatzübung: Aussprache und Lautschrift (S. 64)

PRESENTATION & PRACTICE

Presentation 1a

Der *Presentation*-Text vertieft die einfache Gegenwart in allen Formen (siehe S. 88).
Ebenfalls vollständig eingeführt werden die Objektformen der Personalpronomen. Siehe
auch hier die Grammatiktafel auf S. 88, sowie die Zusatzübung zur Vertiefung der
Objektformen der Personalpronomen.
Der Text verwendet außerdem erstmals das Adverb (Umstandswort) *well (Do you and
Bruno get on well with your son-in-law?)* und nimmt dieses noch einmal in Übung 4,
Satz 1 auf. Da in Unit 3 (Presentation 3a, S. 19) schon der Begriff *good* für das deutsche
'gut' eingeführt wurde, kann es hier zu Nachfragen vonseiten der TN kommen. In dem
Fall ist es unumgänglich, *well* als Adverb, also tätigkeitsbeschreibendes Wort, einzuführen, im Gegensatz zum Adjektiv (Eigenschafts- oder auch Beiwort) *good*. Hier gelten
dann 'mit jemandem auskommen' und 'jemanden gut kennen' als Tätigkeiten. Genauere
und damit auch kompliziertere grammatikalische Erklärungen sollten hier sicherlich
vermieden werden, da auch keine weiteren Anwendungsmöglichkeiten innerhalb dieses
ersten Bandes bestehen.

Practice 1c

Zusatzübung: Eine Person beschreiben

Entwerfen Sie mit den TN gemeinsam eine Person. Leiten Sie das Gespräch, so daß
jede/r TN ein Kennzeichen zu der Person beiträgt.

What his/her name?
Where does s/he live?
Is she married?
Does s/he have children?
Where do her children live?
How old is s/he?
Does s/he have a holiday every year? ...

Sammeln Sie die Kennzeichen gemeinsam an der Tafel.
Fordern Sie die TN auf, nun über die gemeinsam erfundene Person einen kleinen Text zu
verfassen, der ihre Vorlieben und Freizeitaktivitäten beschreibt:

What does s/he do in her/his free time? – S/he likes best ... – s/he doesn't like....

Presentation 2a

Der Text führt die Objektformen der Personalpronomen ein *(her/her/us/them)*. Eine vollständige Liste findet sich in der Grammatiktafel, Teil 3, S. 88.

Zusatzübung: Vertiefung der Objektformen der Personalpronomen

Tragen sie die passende Form ein:

1 Do you know Helga from Cologne? – Yes, I know ...
2 Linda's pullover is very nice. I like ... in it.
3 Does John speak Italian? – I don't know. Ask ...!
4 I will meet friends this evening. – Oh, where will you meet ...?
5 Sorry, what's your name? I'm afraid, I don't know ...

(siehe auch Übung 4, Kreuzworträstel)

Practice 2b

Lassen Sie die TN gegenseitig beschreiben, was sie am Kurstag tragen. In dieser Übung können alle Personen der einfachen Gegenwart sowohl in der Aussageform als auch in der Frageform gemischt verwendet werden:

What does ... wear?/What do you wear, ...?
S/he wears ... /I wear ...

Zusatzwortschatz: *wear*

Zusatzübung: Aussprache und Lautschrift
(Kopiervorlage, S. 64)

Kennen Sie die folgenden Worte?

1	[θɪŋ]	8	['prɪti]
2	['lʌki]	9	[hæt]
3	['dʒækɪt]	10	[ðæt]
4	[ʃɜːt]	11	[steɪ]
5	[ʌn'juːʒuəl]	12	[smaːt]
6	['dɪfɪkəlt]	13	[rɪ'membə]
7	['prɒbləm]		

Können Sie die Worte auch schreiben und damit jeweils einen Beispielsatz bilden?

UNIT 23 I'M SORRY. – THAT'S ALL RIGHT.

Thema	Sich entschuldigen • Erzählen, was jemand gerade tut
Grammatik	Verlaufsform der Gegenwart
Kopiervorlage	Zusatzübung: Verlaufsform der Gegenwart (S. 64)

PRESENTATION & PRACTICE

Presentation 1a

In Zusammenhang mit diesem Text ist es sicherlich sinnvoll, auf den Unterschied zwischen *Excuse me* und *I'm sorry* hinzuweisen. Siehe dazu *Informationen & Tips*.

Presentation 2a

In diesem Text wird die Verlaufsform im Englischen eingeführt. Weisen Sie in diesem Zusammenhang auf die Grammatiktafeln, S. 92 hin, in der sämtliche Personen in der Verlaufsform aufgeführt werden. Suchen Sie gemeinsam mit den TN alle Verlaufsformen aus dem Text heraus und führen Sie diese gegebenenfalls an der Tafel aus. Je nach Vertrautheit der TN mit den grammatikalischen Zeiten können diese dann schon an der Tafel gemeinsam in die einfache Gegenwart umgewandelt werden.
Der Zusatzwortschatz führt englische Straßennamen und damit verbunden die Stellung englischer Hausnummern vor dem jeweiligen Straßennamen ein.
Fordern Sie die TN auf, ihre Adresse in Englisch anzugeben. Vielleicht ergibt sich auch die Möglichkeit, einige Straßennamen ins Englische zu übersetzen. TN, die schon das englischsprachige Ausland bereist haben, werden sicherlich eigene Erfahrungen mit Namen und Adressen einbringen können.

Zusatzwortschatz: *lane, alley, crescent, place, square, road, garden, path, avenue ...*

Zusatzübung: Erkennen Sie die Abkürzungen?

Übersetzen Sie folgende Adressen ins Deutsche.

1	Bavarian Rd	5	Italian Ave
2	153 Green St	6	Small Pl
3	Rose Cresc	7	3 Market Alley
4	173 Summer Gdn	8	South Lane

Practice 2b

Beim Einüben der englischen Zahlen kann auf die englische (und amerikanische) Schreibweise der Ziffern eins und sieben hingewiesen werden, um hier Mißverständnisse im Ausland zu vermeiden.

ÜBUNGEN

Zusatzübung: im Anschluß an Übung 3 oder 4
(Kopiervorlage, S. 64)

Formen Sie die folgenden Sätze in die Verlaufsform um.

1 Mary tells Inge about her family.
2 Bruno watches TV.
3 Bruno and Inge go out for a meal.
4 Inge goes shopping.
5 The Englishman takes a photo.
6 The ships leave Tangier.
7 Mary meets her friends in a French restaurant.
8 Inge visits her sister.
9 Inge and Mary listen to a radio concert.
10 The Americans have a Continental breakfast.
11 Bruno's wife works in the garden.
12 Mary's daughter comes into the cabin.

Zusatzübung: Aussprache und Lautschrift

Können die TN die folgenden Zahlworte schreiben?

1 ['twenti]
2 [tuː 'hʌndrəd]
3 [ˌfɪf'tiːn]
4 ['θɜːti]
5 [fɔː]
6 [θriː]
7 [naɪnti 'eɪt]
8 [sevn hʌndrəd n sɪkstɪ 'wʌn]
9 [twelv]
10 [ˌθɜː'tiːn]

Zusatzübung: Objektformen von Personalpronomen

Können die TN die folgenden Sätze übersetzen?

1 Gib *mir* bitte das Photo.
2 Ich vermisse *sie* sehr.
3 Kommst Du gut mit *ihnen* aus?
4 Du gefällst *mir* in diesem Jacket.
5 Wie oft sehen Sie *Ihre* Familie?

UNIT 24 GOODBYE

Thema	Die Adresse/Telefonnummer erfragen • Sich verabschieden • Jemand einladen
Grammatik	Das Alphabet

PRESENTATION & PRACTICE

Presentation 1a

Hauptanliegen dieses Textes ist die Einführung in das Alphabet. In diesem Zusammenhang werden die Verben *have* und *have to* verwendet. Es ist hier empfehlenswert, die TN auf den Bedeutungsunterschied zwischen den Worten hinzuweisen. Da in Unit 4 schon der englische Begriff *must* für das deutsche „müssen" genannt wurde, kann es hier zu Nachfragen in Bezug auf die Verwendung beider Vokabeln kommen. In dem Fall genügt hier sicherlich eine kurze Erklärung, nach der *must* hauptsächlich dann verwendet wird, wenn Gefühle oder Wünsche des/r Sprechers/Sprecherin ausgedrückt werden sollen; *have to* dagegen, läßt zumeist auf einen Zwang oder eine Verpflichtung rückschließen. Dies ist z. B. der Fall, wenn Inge und Bruno ihre schwierige Adresse buchstabieren müssen. Siehe dagegen die Verwendung von *must* in Unit 4, 3a, S. 23.

Practice 1b

Fordern Sie die TN auf, einen Buchstaben des Alphabets zu nennen. Der/Die Nachbar/in nennt dann den darauffolgenden Buchstaben und beginnt nun seiner/ihrerseits mit einem neuen Buchstaben usw.

Practice 1c

Nutzen Sie das Buchstabieren zu einer gemeinsamen Vokabelübung: Fordern Sie die TN auf, sich einen schon bekannten Begriff auszusuchen und diesen der Klasse zu buchstabieren. Die TN schreiben das Wort mit, eine/r der TN spricht das Wort aus und ein/e weitere/r bildet damit einen Satz. Dann beginnt man mit einem neuen Wort.
Sie können das Buchstabieren in einem 'spielfreudigen' Kurs ebenfalls dazu verwenden, ein Ratespiel durchzuführen. Nennen Sie zu Anfang an der Tafel den Anfangs- und Endbuchstaben eines englischen Wortes. Geben Sie die Anzahl der dazwischen liegenden Buchstaben mit Strichen an. Die TN erraten nun auf Englisch die fehlenden Buchstaben, wobei mehrfach auftauchende Buchstaben vollständig eingetragen werden. Die Person, die das Wort errät, fährt nun ihrerseits mit einem weiteren zu erratenden Begriff fort.

Practice 2b

Nennen Sie hier unter dem landeskundlichen Aspekt auch den englischen Notruf unter der Nummer 999.

ÜBUNGEN

Übung 3

Zusatzübung: Übersetzung

Übersetzen Sie das folgende Gespräch ins Englische.

A   Ach, entschuldigen Sie bitte. Sprechen Sie Englisch?
B   Ja. Kann ich Ihnen helfen?
A   Ja. Ich suche nach dem Hotel „Zum Bären".
B   Kennen (Wissen) Sie den Namen der Straße?
A   Ja. Schweizer Straße.
B   Können Sie das bitte buchstabieren?
A   Ja. S-C-H-W-E-I-Z-E-R S-T-R-A-S-S-E.
B   Oh, jetzt verstehe ich. Das ist ganz in der Nähe (nahebei).

Zusatzübung: Aussprache und Lautschrift

Wie lauten die folgenden Buchstaben?

1   [eɪ]
2   [el]
3   ['dʌblju:]
4   [dʒeɪ]
5   [əʊ]
6   [zed]
7   [eɪtʃ]
8   [pi:]
9   [eks]

Unit 1 – Practice 2b

Regula Sommer Bern Switzerland	Helen McNeil Edinburgh Scotland
Bernd Meier Nuremberg Germany	Angela Weidmann Vienna Austria
Sean Behan Belfast Ireland	Marc Cohen Dallas USA
Annie O'Toole New York USA	Francesca DeVito Venice Italy

Stammbaum

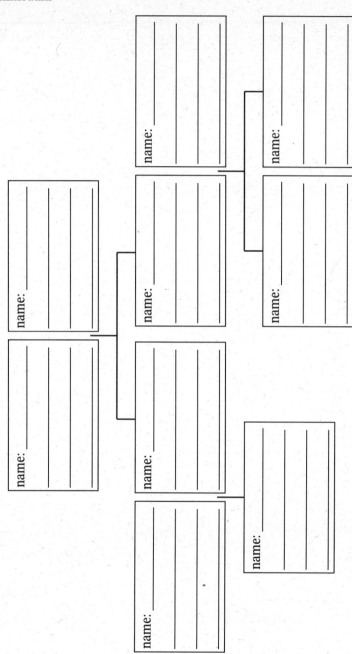

Unit 3 – Einführung in die Lautschrift

Lautschrift-zeichen	Wortbeispiel	Unit	Lautschrift-zeichen	Wortbeispiel	Unit
[ɑː]	are	1	[eə]	where	2
[ʌ]	son	2	[ɪə]	really	2
[e]	yes, friend	1, 2	[uə]	your	3
[ə]	daughter	2	[ɔɪ]	boy	13
[ɜː]	her	2	[ʃ]	she	2
[æ]	that	1	[ʒ]	usually	16
[iː]	meet	1	[r]	Britain	1
[ɪ]	is	1	[ŋ]	hiking club	4
[ɔː]	law	2	[w]	where	1
[ɒ]	from	3	[v]	Vienna	1
[ʊ]	good	1	[ð]	that	1
[uː]	you	1	[θ]	thanks	6
[aɪ]	nice	1	[s]	sister	2
[eɪ]	name	1	[z]	Zurich	1
[əʊ]	hello	1	[tʃ]	French	3
[aʊ]	town	3	[dʒ]	Germany	1

Unit 11 – Presentation 2a

Beschreiben Sie die Stadt Merrytown anhand der folgenden Liste. Verwenden Sie dabei *some* und *any*.

	yes	no
castles		x
museums	x	
nice buildings	x	
rivers		x
good cricket teams	x	
old pubs	x	
night clubs		x
beautiful parks	x	
sports centres		x

Unit 16 – Practice 3b

Beschreiben Sie Anns und Peters Woche:

	Mon	Tue	Wed	Thur	Fri	Sat	Sun
9.00	work	free time	visit Aunt Sally	work	super-market	–	–
11.00						shopping	–
13.00	lunch	lunch	–	lunch	free time	lunch in town	lunch
15.00	free time	work	English class	free time			–
17.00					–	–	tea with friends
19.00	gym class	cinema	watch TV	concert	theatre	visit friends	
21.00	–	–		–			free time

Unit 19 – Practice 2b

What's the weather like?

	Germany	Spain	Sweden
spring	15°–20°	18°	15°
summer	30°	35°–40°	25°
autumn	10°	20°	0°
winter	–10°	0°	–15°

57

Unit 17 – Übung 4

Sammeln Sie Begriffe, die Ihnen zu den Mahlzeiten einfallen.

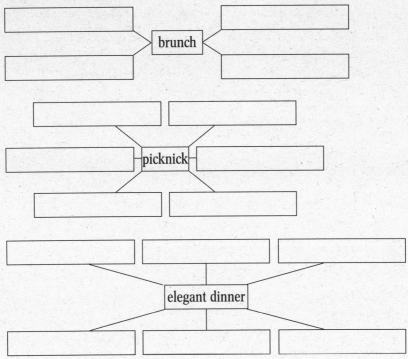

Unit 7 – Practice 1b

Rezept für Scones
For eight scones:
200 g white wheat flour • half a 5 ml spoon salt • 1 x 5 ml spoon bicarbonate of soda • 2 x 5 ml spoons cream of tatar • 45 g margarine • 50 g sultanas or currants • 25 g sugar • 125 ml fresh milk

Mix the flour, salt bicarbonate of soda and cream of tartar in a bowl. Cut the margarine into small pieces and rub it into the flour with your fingers until the mixture is like breadcrumbs. Add the sultanas (or currants) and the sugar. Add the milk and mix until you have a soft dough. Put the dough on a board with a bit of flour and roll it until it is about 1.5 cm thick. Cut it into round pieces. Bake in a hot oven (220° C, Gas 7) for 10 minutes. Eat warm or cold.

Unit 7 – Übung 1

Setzen Sie die passenden besitzanzeigenden Fürwörter ein.

1 We are here with _____ daughter.

2 That man is Mr Smith. – Oh, and what's _____ first name?

3 Is Susan's surname Johnson? – No, _____ surname is Brown.

4 Hello Karin, nice to meet. This is _____ friend Peter.

5 The Johnsons are here with _____ hiking club.

6 Is the slim girl Peter's daughter? – No, she isn't. She's _____ cousin.

7 What's the name of the couple over there? – _____ name is Behan.

8 And who's the tall man over there? – Oh, that's _____ husband.

9 Is the young woman _____ wife? – No, she isn't.

10 My brother and I are members of a choir. The name of _____ choir is St. John's Choir.

Unit 13 – Übung 2

Übersetzen Sie die folgenden Sätze ins Englische.

1 Mary hat eine Tochter und einen Sohn.

_____

2 Sie hat Verwandte in Frankfurt.

_____

3 Ihre Verwandten haben ein hübsches Hotel in einem Dorf, im Süden.

_____

4 Das Hotel hat ein auch großes Schwimmbad.

_____

5 Marys Sohn ist verheiratet und hat zwei Töchter.

_____

6 Also hat Mary zwei Enkelkinder.

_____

7 Die Enkelkinder haben auch Tiere.

_____

8 Der Junge hat eine kleine Katze.

_____

9 Die Katze hat einen schönen Namen.

_____

10 Mary hat einige schöne Photos von ihren Enkelkindern.

_____

Unit 17 – Übung 3

Übersetzen Sie die folgenden Sätze ins Englische.

Susan's Friday

1 Ich stehe gewöhnlich um 7.00 Uhr auf.

_____

2 Dann mache ich gewöhnlich das Frühstück: Kaffee, Toast, Käse und Marmelade.

_____

3 Ich arbeite teilzeit.

_____

4 Am Freitag muß ich immer um 14.00 Uhr mit der Arbeit anfangen.

_____

5 Manchmal bin ich spät zu Hause.

_____

6 Gewöhnlich mache ich um halb sieben Abendbrot.

_____

7 Ich esse niemals warm zu Abend.

_____

8 Manchmal trinke ich ein Glas Wein.

_____

9 Nach dem Abendessen lese ich oft ein Buch oder ich sehe fern.

_____

10 Am Samstag gehe ich manchmal ins Theater oder ins Konzert.

_____

Unit 18 – Presentation 2a

Übersetzen Sie die folgenden Sätze ins Englische.

Was man in Meerbach tun kann:

1 Im Winter kann man in Meerbach Ski laufen.

_____

2 Im Sommer kann man wandern.

_____

3 Man kann auch windsurfen.

_____

4 Abends kann man ins Theater oder ins Kino gehen.

_____

5 Montags kann man im Chor mitsingen.

_____

6 Freitags kann man zum Kegelklub gehen.

_____

7 Man kann am Sonntag ins Konzert gehen.

_____

8 Sonntag abend kann man dem Chor in der Kirche zuhören.

_____

9 Im Sommer kann man im Park spazieren gehen.

_____

10 Natürlich kann man auch einkaufen gehen.

_____

Unit 21 – Übung 3

Wandeln Sie die folgenden Sätze in Fragen bzw. Verneinungen um oder fragen Sie nach dem in Klammern gesetzten Satzteil. In welche Form der Satz umgewandelt werden soll, sagt Ihnen das in Klammern gesetzte Zeichen.

1 I work in the garden (every day).

_____

2 We like the autumn best. (?)

_____

3 I usually have tea for breakfast. (–)

_____

4 They start work at eight o'clock. (?)

_____

5 I don't mind the cold. (+)

_____

6 Peter and Linda go out for a walk every Sunday morning. (?)

_____

7 The ship stops in Madeira. (–)

_____

8 Iris doesn't sing in a choir. (+)

_____

9 Ann's daughter goes hiking twice a year. (–)

_____

10 They go to an English class. (?)

_____

11 Sally doesn't like English beer. (+)

_____

12 The coach arrives in Berlin (at 12.30).

_____

Unit 22 – Zusatzübung

Kennen Sie die folgenden Worte?

1	[θɪŋ]	_____	8	['prɪti]	_____
2	['lʌki]	_____	9	[hæt]	_____
3	['dʒækɪt]	_____	10	[ðæt]	_____
4	[ʃɜːt]	_____	11	[steɪ]	_____
5	[ʌn'juːʒuəl]	_____	12	[smaːt]	_____
6	['dɪfɪkəlt]	_____	13	[rɪ'membə]	_____
7	['prɒbləm]	_____			

Unit 23 – Zusatzübung

Formen Sie die folgenden Sätze in die Verlaufsform um.

1 Mary tells Inge about her family.

_____

2 Bruno watches TV.

_____

3 Bruno and Inge go out for a meal.

_____

4 Inge goes shopping.

_____

5 The Englishman takes a photo.

_____

6 The ships leave Tangier.

_____

7 Inge and Mary listen to a radio concert.

_____

8 Bruno's wife works in the garden.

_____

Sekundärliteratur:

Böhme, Günther: Verständigung über das Alter oder Bildung und kein Ende. Eine gerontologische Studie. Idstein, 1992.

Kuypers, Harald W.: "Grundsatzüberlegungen zu Seniorenprogrammen an Volkshochschulen". In: Geißler, Erich E. (Hrg.): Bildung für das Alter – Bildung im Alter. Expertisensammlung. Bonn, 1990, 103–114.

Litowtschenko, S. W. et al.: "Möglichkeiten und Bedingungen der Unterrichtung älterer und alter Menschen. Ein Bericht aus der UdSSR." In: Petzold, Hilarion; Bubolz, Elisabeth (Hrg.): Bildungsarbeit mit alten Menschen. Stuttgart, 1976, 145–169.

Lowy, Louis: "Lernen und Lehren beim älteren Menschen: Psychologische Implikationen …". In Petzold, Hilarion; Bubolz, Elisabeth (Hrg.): Bildungsarbeit mit alten Menschen. Stuttgart, 1976, 170–197.

Lütjen, Hans Peter: "Seniorenspezifische Verfahren des Englischunterrichts." In: Heuer, H. et al. (Hrg.): Dortmunder Diskussionen zu Fremdsprachendidaktik. 8 (1978), 120.

Lütjen, Hans Peter: "Fremdsprachenlernen von Senioren am Beispiel von Fremdsprachenkursen an Volkshochschulen." Unterrichtswissenschaft 4 (1980), 341–357.

Röhr-Sendlmeier, Una: "Lernen im Alter: Der neuere Forschungsstand." In: Geißler, Erich E. (Hrg.): Bildung für das Alter – Bildung im Alter. Expertisensammlung. Bonn, 1990, 137–148.

Schneider, Käthe: Alter und Bildung. Eine gerontagogische Studie auf allgemeindidaktischer Grundlage. Bad Heilbrunn, 1993.

Tietgens, Hans. "Bildung für Ältere an der Volkshochschule." In: Karl, Fred; Tokarski, Walter (Hrg.): Bildung und Freizeit im Alter. (=Angewandte Alterskunde. Hg. W. D. Oswald et al., Bd. 5). Bern, Göttingen, Toronto, 1992, 55–72.

Best.-Nr. 20460

ISBN 3-8109-2046-0